起点

孙瑞雪　主编

中国妇女出版社

图书在版编目（CIP）数据

起点 / 孙瑞雪主编. -- 北京 ：中国妇女出版社，2019.1
ISBN 978-7-5127-1665-0

Ⅰ.①起… Ⅱ.①孙… Ⅲ.①儿童教育－文集 Ⅳ.①G61-53

中国版本图书馆CIP数据核字（2018）第260331号

起点

作　　者：孙瑞雪　主编
责任编辑：王　琳
封面设计：尚世视觉
责任印制：王卫东
出版发行：中国妇女出版社
地　　址：北京市东城区史家胡同甲24号　　邮政编码：100010
电　　话：（010）65133160（发行部）　　65133161（邮购）
网　　址：www.womenbooks.cn
法律顾问：北京市道可特律师事务所
经　　销：各地新华书店
印　　刷：北京中科印刷有限公司
开　　本：165×235　1/16
印　　张：15.75
字　　数：210千字
版　　次：2019年1月第1版
印　　次：2019年1月第1次
书　　号：ISBN 978-7-5127-1665-0
定　　价：49.80元

本书文内涉及的儿童名字均为化名。

前言

1999年，我还是大三的学生。那年夏天的一个下午，机缘巧合，我来到宁夏蒙特梭利幼儿园。一到门口就被门房阿姨拦住并受了半个多小时的“教育”，这是我有生以来第一次接触幼儿教育。这也让我的所见所闻与之前听到的传言中的内容对上了：这个幼儿园谁都懂教育。犹记得阿姨讲完后对我说：“小伙子，来我们幼儿园工作吧，他们肯定会喜欢你的！”

顺着门房阿姨的指引走到后院，一位身着黑色衣裙的年轻女士安坐在一处石墩上，注视着眼前的几个孩子，她的神情贤淑、安静，略有思量。我上前询问园长在哪里，她轻声细语地回答道：“你在院子里看看，有位头大大的、个子小小的女老师就是园长。”为我引路的这位女士就是长我10岁的段武宽老师。

个小头大——如此形象的描述让我在院子里很快锁定目标，找到了园长。她当时正指挥一名电焊工加固幼儿园的铁栅栏，嗓音高高的，还不时地提醒着周围好奇的孩子们远离施工现场。我上前说话，她感叹我个子高，并风趣地表示要退后两步说话。表明来意后，她告诉我需要准备的资料，最后顺口说了一句："要是这个周末有空就来幼儿园帮忙！"她就是园长尚红。

我答应了帮忙。那个周六早上8点我到了幼儿园后，才得知帮忙的内容是洗地毯……其他人还没有来，我在干活的三楼平台等候，其间不时有女老师跑到平台打量一番后笑着离开——她们在楼下议论幼儿园新来了一位帅小伙帮忙洗地毯。我估摸着自己一定是参与了幼儿园办园以来的第一次大型除尘工作。

那天，阳光直截了当、不留余地地晒掉我一层皮。但大家自始至终有说有笑，不觉辛苦。洗地毯注定成为我踏进这个教育的起点。

接下来，我和我的几个同学相约加入了幼儿园周一晚上的例行业务学习。在那个晚上，我初次见到了孙瑞雪老师。"欢迎你们来听！希望你们能留下！"现在想来，孙老师的眼神依然如故：纯真，确定，慈悲，犀利。接着，我又陆续结识了目光灼灼的李燕老师，安之若素的薛梅老师……不知不觉，我被这么一个从未经验过的群体所吸引。后来我才知道，这叫归属感。

在毕业前的一年多里，每个周一的晚上，我都和幼儿园的老师们一起在教室里席地而坐，一起阅读、讨论、分享，严肃而不失温良，坚定而不乏浪漫。一起学习的其他同学，随着毕业的临近都陆续散了，最后只有我留下了。

转瞬间，我已在机构工作了近20年。此刻，翻看着手中这本集结了爱和自由教育核心理念的册子，感慨孙瑞雪教育机构20多年一路走来的足迹和历程。它最初的诞生源于孙瑞雪教育机构向全社会输出新教育理念的一个公益项目——爱和自由全国公益巡讲。伴随着这个巡讲，公益小组每年会再编辑和更新最新的研究成果及实例文章，结集成册赠予全国十余城市的讲座听众阅读。多年来，许多听众以及听说本书的父母和教育工作者都希望能够有途径购买到这本册子。此刻，它放在了你的手上。

阅读每篇文章时，我们能在不同的“站点”领略每位教育者对生命、对教育的观察和了悟。从孙瑞雪老师对“爱”“自由中的规则”“完整的成长”的教育精神及“儿童敏感期理论”高屋建瓴的阐述，到专家团队厚重的实践与精微的分析，再到一线教师脚踏实地地执行教育、忠实地记录那些鲜活生命的故事……本书为我们呈现了一个立体的、多维的科研体系，呈现了爱和自由教育的完整性，让读者能够相对轻松地领会爱和自由教育的精神实质，触摸到成人和儿童关系的本质、能量互动，看见教育者和儿童如何在生活中经验生活，在真实鲜活的事件中帮助儿童成长、建构自我。

在我看来，这本小册子深能独善其身，浅亦能兼济天下。站在不同“站点”上的每位教育者都把自己置身于每篇文章的故事中，在其中经历、体验、成长，然后又从故事中抽离出来，萃取出闪烁着理性光芒的智慧，度己助人。这一切都源自他们深深地热爱着儿童，热爱着教育，热爱着成长，热爱着生活。

在爱和自由教育践行23年、爱和自由全国公益巡讲活动开展15年的今天，这本以“起点”命名的、肩负着公益使命的书得以正式出版发行。这得益于爱，得益于孩子，得益于成长，得益于希望，得益于爱和自由教育中每一位参与者的身体力行，得益于机构公益项目组刘明忆和湛颖瑶的积极推动，也必然得益于未来的你……

结束这段文字时，再次从这一历程中抽离出来审视我们的23年，这只是一个开始。引用书中孙瑞雪老师的一句话，“我们就此扎根于这片土地”，来作为此刻的起点。

安长喜

2018年10月12日

安长喜：孙瑞雪教育机构常务总校长；将“关系对儿童的影响”这一领域的研究深度融入教育教学中；发展和完善了爱和自由美术教学体系。

卷首语：致教育者

文 · 孙瑞雪

在这片土地上，我们怀抱生命的梦想展示：
源于爱自己而创造一种情怀，
源于爱他人而创造一种生活，
源于爱世界而创造一个新的人类文化和成长的景象。

在这片土地上，我们怀抱教育的理想履行：
源于心灵的自由而创造一个博大的自我，
源于生命的自由而创造一个懂得爱的新人类，
源于创造的自由而创造出一种秩序和平等的生存状态。

我们正拥有着这样的生存状态：
爱，使生命通畅地连接，
自由，使一个人抵达完整的状态，
规则，确保着万物之间可贵的平等。

我们就此扎根于这片土地。

净化儿童生存环境全民行动书

文·孙瑞雪教育机构

不论您是谁，在哪里，当您的眼睛与孩子的眼睛对视上的时候，
请您报以友善的微笑；

不论您是谁，在哪里，当您想要和一个孩子说话的时候，
请您蹲下身，让您和孩子处于同一个视觉高度，看着孩子的眼睛；

不论您是谁，在哪里，发生了怎样的事情，
绝对不要跟孩子说："你再这样，你妈妈（或爸爸）就不要你了
（或不喜欢你了，或生气了）！"

不论您是谁，在哪里，发生了怎样的事情，
请不要对孩子大声呵斥，甚或于更为暴力的行为；

不论您是谁，在哪里，当您看到哭闹的孩子时，
请您给孩子的情绪一个允许和一个空间，并报以最大的耐心和理解；

不论您是谁，在哪里，请尊重孩子对自己物品的所有权和支配权，

起点

不试图以道德劝说甚至要求孩子分享属于他的物品；

不论您是谁，在可能的情况下，当孩子专注时，
请不要打扰孩子，让孩子按照自己的时间和愿望完成一件事；

不论您是谁，在哪里，请尊重孩子的节奏，
不试图用您的催促、责备、抱怨去加快孩子的速度；

不论您是谁，在哪里，请尊重孩子选择的权利，
尊重孩子自己的喜好和偏爱，不试图强加您的个人想法和意志；

不论您是谁，在哪里，请尊重孩子的内心感受（比如恐惧、害羞等），
不诱哄或勉强孩子做他不乐意或无能力承受的事情；

不论您是谁，在哪里，当一个孩子在向您表达和表述的时候，
请用眼睛看着孩子，认真聆听。

《净化儿童生存环境全民行动书》是一份孙瑞雪教育机构全体教育工作者向全社会发出的联合倡议。不论您是什么样的身份，有着什么样的角色，与孩子是什么样的关系，都有责任和义务维护孩子的处境。维护意味着我们自己身体力行，同时也规范和促使环境中的他人共同维护；维护还意味着当您遇到一个人对儿童施予任何形式的暴力时，请告诉他对待儿童的正确方式。

目录

第一章　爱

第二章 自由中的规则

第四章　儿童的敏感期

第一章

爱

爱的真谛

文·孙瑞雪

“爱”不是一个词汇，
但可以用词汇的形式表示；

“爱”不是一种理解，理解是头脑层面的，
爱是体验；

“爱”不是一种原始的感觉，
但爱必须被感觉；

“爱”不是一种情绪，
但爱是最宁静和最喜悦的激情；

“爱”不是一种照顾，
但爱可以透过照顾来传递；

起点

“爱”也不是一种作为母亲或父亲的本能，

那是动物的状态，而非人类的；

但爱是父母借助爱孩子使自己生命升华。

“爱”是人类在进化过程中，

不断学习、体验，

逐渐发展出的人类生命中的精神特质。

“爱”是世界上最美妙、最全息、最深刻、最纯粹、

最伟大的体验和经历过的真实；

而且是一种持续性的体验和经历过的真实。

借由体验和经历的真实，

爱成为一种人的意识状态。

家庭中的爱

起点

母亲，让孩子全然地依恋你

文·孙瑞雪

什么是“依恋”

依恋是一种全然的、纯粹的热恋。婴儿会用身体紧紧贴着你，鼻子会闻到你的体味，皮肤会感觉到你的体温，会把头埋在你的胸前蹭来蹭去，以便体验被爱之后的安全感。婴儿永远都在试探着、确认着、揣摩着，最后确定地知道：“我是被爱的！”

依恋在灵性上是一种全然的连接，就好像花的香味融进空气中一样，交融为一体，难以分辨。这是一种亲爱的爱的感觉。这样的依恋的状态在成人世界也是存在的，但那只不过是童年的投影，是婴儿期未完成的事宜。

依恋是一个生命在诞生之后的头六年必须和妈妈完成的一个事宜。如果童年期依恋没有完成，那谈不上有爱的存在。依恋是一个充满爱和创造的过程，它创造出了儿童爱与被爱、安全感、价值感、幸福感等所有的背景。

婴儿天然依恋母亲

我需要告诉妈妈们的是，婴儿天然依恋母亲。

在做母亲前，女性的生命就蕴藏着一种高度敏感的沟通能量和本能的心灵之爱。这种沉睡的潜质只有在做母亲时，依靠和婴儿的频繁接触来唤醒。婴儿依靠吮吸、依靠天然的生命能量唤醒母亲，然后依靠和母亲的连接建立同外界连接的桥梁。

能否在头六年与母亲连接上，是孩子生命质量的关键。这个机会对母与子同等重要，一旦丧失，焦虑将跟随孩子和母亲一生。

婴儿从出生起就需要强烈地依恋、占有母亲，和母亲一体化，依靠母亲回应其生理的所有需要——饥饿、疼痛、舒适，以及情绪的需要——恐惧、焦虑、快乐、好奇，体验着对母亲的感受，和母亲产生连接，从而发展对人的信任和安全感。

起点

头几个月，婴儿生活的全部内容似乎都集中到了两个地方：口腔和肛门。这样的状态使母亲与婴儿的连接更多地集中在身体的照顾上。当婴儿的身体出现状况，比如拉了、吐了、尿了或者不舒服了，母亲能否及时对他的身体产生回应，这种回应能否持续、良好、积极地进行下去，将决定儿童与母亲之间是否产生依恋的关系。

实际上，人正是基于这样的依恋关系建构最早期的心理基础、情感基础、自我价值感的基础。对身体的照顾派生和发展出儿童与他人的关系的基础，派生出人对世界的信任，这是关键的意义所在。当幼儿发出一个需求的哭声，很多妈妈会认为这对儿童来说没有什么，所以不回应甚至不耐烦。这种不回应最直接的结果是，对儿童身体感官的触摸和刺激的缺乏，同时导致缺乏这种刺激所发展出来的其他系统。这样的不回应使母亲丧失了和孩子的连接。这样的状态也是一个生命在成长过程中出问题的开端。

还有一种情况是在建立依恋关系的过程中出现母子分离，这样的分离将使儿童焦虑。如果孩子在几个月时离开了妈妈，就必须重新把别人当作“妈妈”，他就失去了与之天然连接的人，这是孩子无法理解的。事实上，这将使孩子经历一次心理上的被抛弃。等孩子在恐惧和焦虑中重新找到“妈妈”，刚刚建立起安全感时就又被带走了，孩子感受到的是再一次被抛弃。这些都为儿童的未来埋下了不幸的种子，这是一个人一生的开始，而起步时就混乱了。

可能这样的观念会使有类似经历的妈妈感到内疚和痛苦，但我们仍需把这样的事实呈现出来，警醒每一位母亲：不要像这样抛弃孩子。让你的孩子依恋你，用大量的时间陪伴他、触摸他，在游戏中让他大笑，直到你的内心可以瞬间感知到他的内心。

访谈

事业·孩子

记者：有些妈妈出于自身事业、学业继续发展的考虑，选择将孩子寄养在外地亲友家，到自己事业有成时再把孩子接回来，但孩子那时已上小学、初中甚至高中、大学了。也有些家长在孩子2岁前就将他送入托儿所，又或3岁左右交给全托幼儿园，您对此有什么看法？

孙瑞雪：婴儿，代表着最新、最高级的意识领域。这样一个新生命，当他刚来到世界上的时候，要存活下来，需要一个人和他发生连接与联系，这个人就是他的妈妈。对婴儿来说，妈妈和所有其他人都不同，因为他的生命来自她，婴儿是从母亲的生命中走出来的。

而妈妈，也刚完成了孕育一个生命的历程。这种经历是不可多得的。男人没有这种孕育的经历，没有做过母亲的女人没有这种经历，所以对于有幸成为母亲的女人，这种经历是独特而珍贵的：她造就了一个生命，这使她更多地关心有关生命本身的问题。

所有的婴幼儿，都需要与母亲的连接，才能使他们免于精神上的恐惧与生活上的磨难。母爱帮助他们完成生命最早的过渡，奠定一生的基础。这个过程，对父母本身，尤其是母亲，也是一个完善自我和成长进化的过程。

与母亲建立连接，是自然赋予孩子的使命。如果在孩子0～3岁时，母亲没有成功地与孩子建立连接，孩子就要被迫在其他血缘相关性不大的人身上寻找这种连接，而且一生都将不断试图从别人身上弥补这种缺失。例如，青春期早恋的孩子，问题婚姻中的男女，他们在寻找的，都是爱与关注。他们寻找过程之苦，付出代价之巨大，超出我们的想象。

从外表上看，在婴幼儿时期是否曾得到母亲悉心照顾的人差别可能不大，但二者在内心世界有着巨大的差别。他们在幸福感、安全感、价值观、自我认可等方面，都会体现出巨大的落差。

所以我的建议是，如果母亲不能抚养孩子，请求助于父亲，如果双方都有困难，至少不要将孩子寄养在别人家（包括祖父母、亲戚）。婴幼儿时代的寄养会带给孩子“被父母抛弃”的感觉，更糟的是，在寄养几年后又将孩子接回来，会导致孩子“二度被（寄养人）抛弃”的感觉。所以，尽管孩子在祖父母或亲友家也能得到爱，但这与亲生父母能够给予的爱具有本质的不同。我甚至认为，如果父母出于事业发展的考虑，要将孩子托给别的家庭带，那不如当初不做生育这个孩子的选择。因为是否生育，完全取决于父母的决定，一旦你决定了，就要知道，这个生命将仰仗于母亲与父亲存活，除此之外，他再也找不到第二个合适的家庭。

母亲，儿童与世界连接的纽带

一位妈妈问："女儿丫丫6个月时，我销假上班。自此，白天外婆来看护她，下班以后我再接手。现在丫丫3岁4个月了，让我头痛的是，她在陌生的环境里总不敢主动表达自己的意愿，也从不主动与人交往，在家则没有这个问题。比如，其他孩子抢她的东西，她不知躲闪拒绝，更别提去要回来，但是东西被抢走后她会对我发脾气；外人给她东西，无论多么想玩、想要、想吃，也不敢自己拿，必须让我帮着拿回来，至少要拉上我才行；刚上幼儿园时，即使大小便憋得难受，也不敢跟老师说……这样的例子太多了。为什么她这么没有安全感？"

绝大多数妈妈都会这样：产假结束，开始上班，请老人或保姆照顾孩子。

儿童安全感的缺失会有许多表现。首先，我想探讨什么是儿童成长的理想状态，并以此来分析问题出在哪里。

一个生命从母体中出来，降临在这个复杂的物质世界里。这个世界蕴含着复杂的关系、复杂的心态、复杂的意识形态，而婴儿对此一无所知，他仅仅带着巨大的生命动力来到世界上。

母亲，是他与世界联系的纽带。在知道母亲不在眼前也依然存在之前，他首先需要时时看到母亲，触摸到她，嗅到她的气味，听到她的声音，得到她的关注；痛苦时需要母亲迅速来到他的身边，帮助他，使他舒服。由此，婴儿体验到这世界是安全的。在此基础上，他会将和母亲的关系、从母亲那里体验到的安全感，延伸到母亲之外、家庭之外的环境中去。

原本孩子小的时候，母亲不离开孩子，孩子永远在母亲的视线内，孩子的呼唤妈妈永远都能及时地回应；等到孩子长大些了，探索的范围更大，孩子需要的时候，也能在妈妈劳作的地方找到妈妈，不会产生离开妈妈的焦虑。这样的情况会延续到他有足够的能力，不再时时依赖母亲的呵护。

母子的分离，是一个自然的、渐进的过程。但现实是，我们大多数人不可能达到这样的状态。父母必须去挣钱，要生存；再加上一部分人或许自我也没有成长好，在离开原生家庭，重建新家庭，刚刚获得自由的时候，他们想的是去实现自己的愿望。

像许多妈妈一样，丫丫妈妈在孩子6个月的时候，白天会离开她。丫丫一整天见不到妈妈，她需要和接替妈妈的外婆建立新的依恋关系。在新的依恋关系建立之前，与妈妈的漫长分离让孩子产生不安全感。

安全感是儿童生存的基本需求。儿童是否感到环境、他人对他没有威胁，通常取决于带养孩子的人同孩子之间的关系的质量，而不取决于成人的主观愿望。这个关系的质量决定了儿童同外人以及外在环境之间的关系。

我首先要说的是，儿童是否能得到带养人给予他的有安全感的爱，取决于他生活中那个客观存在的关系。理想状态下，带养孩子的是母亲，更根本的是，带养他的人能否为他创造一个安全的氛围。如果母亲本身不能保证孩子处在一种能给他带来安全感的关系氛围中，例如，带养孩子的成人即便是亲生父母，如果经常吵架，孩子待在旁边也会感到害怕，感到惶恐，感到被抛弃，感到不明白。这是一种情感上的被抛弃，这种同成人之间的关系（孩子感到被抛弃），容易造就具有不安全心态的儿童。

再比如：带养孩子的成人在孩子爬高时惊恐地说“会摔”；使用一

样东西的时候惊恐地说“会伤”；走在某个环境中时，惊恐地认为“会丢”；端杯子的时候惊恐地说“会烫”；等等。这种非常害怕出事、不给孩子空间的担忧的心态，以及这种担忧所派生出来的行为，都能被儿童感受到。成人这种对待事物的态度会潜移默化地影响孩子，让他感到外界是如此不安全。而这一切并不由成人是否认为自己爱孩子来决定。

假如父母要把孩子交送到另一个成人的手里，把家庭的环境转换成幼儿园的环境，至少应该由母亲和孩子一起来熟悉这个人或者环境。熟悉之后，孩子应该能体验到转入新环境、新关系中是有爱存在的，才能谈到如何帮助儿童解决其他问题。

所以我想，要解决安全感的问题，除了尽可能地使孩子的成长环境接近理想型外，再没有其他方式。高质量的抚养关系衍生出来的爱的感受是帮助儿童的前提。

访谈

母亲·第二养育人·孩子

记者：如果职业母亲不能在一天当中的大部分时间亲自带孩子，而必须求助于另一个人作为孩子的第二养育人，该怎样为孩子创造最好的成长环境？

孙瑞雪：这是中国绝大多数职业妇女所面临的现状，也是极大困扰在职妈妈的问题。带孩子是一件非常辛苦的工作，最大的辛苦在于，你需要放弃自我——你没有了自己的时间，要牺牲自己的爱好，可能会延误事业发展的机会，这会让大多数人感到焦虑。排除这种焦虑唯一的方法就是：爱——全身心地爱这个孩子。因为孩子是纯然的充满灵气的精神体，他会唤醒我们内心最美好的部分，当我们切实感受到生命的喜乐与天然的爱，带孩子的辛苦就会被喜悦代替。

选择第二养育人，有几个需要考虑的条件。一是，第二养育人的内在是否拥有爱，是否有爱的能力。二是，他在你的家庭中，在心理上是否能受到尊重。有太多人不懂得尊重别人，这种不尊重不是有意识的行为，而是无意识的姿态。这取决于每一个人的经历，因为我们都生活在人际关系中，我们自己有过得不快乐的经历、错误的经验、负面的情绪……这些都可能成为困扰第二养育人的因素，使他不能够投入全部精力照顾这个孩子。三是，必须保证第二养育人的休息时间，让他在带孩子之外有独自面对自己的时间，这样他才能得到彻底的休整，才不会因疲劳和厌倦产生影响孩子的情绪。四是特别重要的一点，即妈妈要帮助带孩子的人接受正规的、科学的培训，让对方掌握教养孩子的正确方法。

做到这四点，妈妈下班后，还要始终陪伴孩子。婴儿及成长期的幼儿，会凭借与生俱来的直觉，选择与生命状态最高的人在一起，这是自然法则的选择，是保证不出问题的选择。所以，孩子会自然选择跟父母在一起，除非第二养育人的生命状态更好、更完善。

记者：在有些幸运的家庭，第二养育人非常尽心尽职，他们对孩子付出了力所能及的爱、关注、精力。这虽解放了妈妈，但孩子可能跟妈妈不亲。第二养育人在心理上也可能存在越界，充当了妈妈的角色。您觉得从妈妈的角度，应该如何处理这个问题？

孙瑞雪：妈妈要切实地付出。形成这种角色错位有两个原因，一是妈妈因为有帮手，而忽略了亲手照顾孩子的责任。所以，妈妈一下班回家，就应该把照顾孩子的工作都拿过来，弥补白天的缺席。除非你没有这个需要，自动将母亲的角色与权力交给另一位养育人。长时间陪伴孩子使许多妈妈焦虑，原因在于你自己是缺席的，只是陪伴了孩子。这点总会让人不安，任何一个人远离自己都会焦虑。你可以在陪伴孩子的同时让自己也有存在感。

二是，由于带孩子非常辛苦同时也非常快乐，另一位养育人可能会不知不觉中占有这个孩子，作为个人的寄托。这的确不好，但是人都难以逃脱自己的局限性。还有一些养育人，希望通过争取孩子的爱与支持，改善自己的生活。这有点像问题夫妻，在成年人发生矛盾时，拉孩子的“选票”。妈妈需要用心理顺这些关系，尽量多陪孩子，如陪孩子睡觉，帮孩子建立有规律的生活作息等。

最后，我想说，孩子成长为什么样，取决于母亲。所有的妈妈，请长大吧！不要花时间、精力在寻求支持上。如果你是一个成熟的母亲的状态，你就可以坚定地知道孩子需要什么；如果你在心理上还处于儿童状态，你就会常常陷入迷茫与无助。

尊重孩子，关注孩子心灵的成长，给予孩子爱与自由，陪伴他认识真理与美，帮助他建立规则，在孩子0～6岁时与他建立成功的连接，那么无论孩子自身条件如何，身体状况如何，你都可以确信，他有不可限量的前途与光明的未来。

父亲，就这样爱你的孩子吧

文·孙瑞雪

那日中午，我向小区大门走去，突然被远处50米外的一位男士吸引：远远望去，那个男人整个身体呈现出一种说不清的美感，双手小心翼翼地捧着什么，脚步警觉地向前迈动，全身在一种高度的专注之中向社区的大门走去。我们同时走到大门口，噢，原来他捧着满满尖尖的一篮子鸡蛋。我心中一惊：原来他捧着一篮子“生命”，确实要小心翼翼。推开黑色的铁门，他把篮子谨慎地放在地上。我笑着说：“你捧着鸡蛋的情景真有美感呀。”小伙子笑了。跟在后面的女孩忙说：“嗯，我姐坐月了，要是打掉一个鸡蛋，我妈要骂死他的。”小伙子的脸瞬间没了微笑。这是典型的“失之交臂”。

转身离去时，我突然想到：为什么50米外，我会看到他？为什么我会认为他走来时的身躯状态是富有美感的呢？那究竟是什么呢？不会是小心翼翼吧？

几天之后，我和同事去看俄罗斯芭蕾舞团演出的芭蕾舞剧《天鹅湖》，同事还带着5岁的女儿。

演出开始，我立刻被那种轻盈、优雅、舒展的身姿和全然的觉知所吸引，身体的语言会如此精准地表达人的情绪、情感、思想和精神。舞者举手投足，跳跃旋转，从头到脚，身体的每个部位，实际是生命的每个细胞都在全然的觉知中。突然，那个捧着鸡蛋的小伙子就返现在我的脑海里，叠加在了这个舞台上。我瞬间了悟，那一天我看到了一个人处在身体的高度觉知中。觉知是一种高度的专注、高度的集中、高度的清醒、高度的清明和宁静的理性，而这每一样都呈现出作为人的意识的美感。

然后，我又突然明白，我为什么喜欢观看孩子一举一动的原因。我喜欢他们安静的凝神，喜欢他们的举止，喜欢他们头部和颈部的那种感觉，喜欢他们手指抓握时意识就按住在手指上，喜欢他们见到陌生人时矜持、躲避的姿态和眼神，是因为孩子高度专注，也呈现出这种全然觉知的状态。而所有这些也可以使我在那一刻，全然地被带进自我身体的、意识的觉知中。我带着这样的觉知看芭蕾，芭蕾便成了我。

原来我喜欢孩子、芭蕾或者那个男人的身姿，都源于觉知。

演出结束，走出剧场，所有的人都涌向楼梯的台阶。突然，同事的小女儿停在那儿，然后她伸出一只脚，绷直，意识全然地贯注在脚上，然后落在下面的台阶上；然后又伸出另一只脚，绷直，意识全然贯注在脚上，落下去……后面所有的观众都停住了脚步，我回头，每个人都微笑着停在台阶上欣赏，并跟随在后面，没有人着急。

我在转头的瞬间又明白，全然的觉知是在完全的意识中完成的，它还呈现出一种专注的、清明的爱和尊重。

这个情节发生在广州大剧院，楼梯上，小女孩的后面跟着的都是父亲和母亲，他们没有等待，而是同在和共享。

那天之后，由于我清楚了，便开始在清明中从身体觉知的角度观赏孩子和舞蹈，了悟着美和善。

一天出差在机场，看到一群“鬼佬”（广州人对外国人的称呼）抱着不同年龄的孩子在候机室等候。我猜测他们是到中国领养孩子的。我把观察集中在一个身材格外高大、看上去人文教养非常好的、接近50岁的男士身上。人群中抱孩子的都是女人，他是唯一的男人。还因为他怀抱孩子的感觉是我熟悉的状态：高度的觉知中，他一手小心翼翼地托着婴儿的屁股，那只手在全然的觉知中充满了专注的意识。婴儿用一个婴儿绑带系在他的身上，显得格外小，被他小心翼翼地环抱着。他另一只手觉知地托住孩子的脖颈，身体呈现出全然的、心无一物的专注意识，而这种意识又高度专注，身体和意识都同步在对孩子的关注上。他的生命呈现出一种呵护状态。太太在一旁推着一个庞大的行李箱。

我们排队上了大巴，车刚一开，突然听到婴儿的大哭声，我转身发现背后就是婴儿。婴儿把脸贴在这位男士的胸前，头来回地、猛烈地磨蹭着，哭声响彻车厢。男士一手高度觉知地托着婴儿的屁股，一手警觉地托住婴儿的头，全身高度专注而又放松，一边轻声咿嘘，一边将嘴唇轻轻落在婴儿的头顶处，落在婴儿稀疏的头发上，柔软地、有节奏地、轻轻地吻着、吻着、吻着……没有焦虑，没有不安，没有想阻止婴儿哭声的企图，只是全神贯注地关注、持续不断地爱和祥和而宁静地陪伴，透过他的手、唇，他微微下倾的身体的警觉性和爱的场域，在专注的爱中静候……婴儿突然停止了哭泣，抬起了头，一双透亮、清澈的眼睛在盈盈的泪光中，和抱着他的这位男士对视着，连接了……噢，这是一个父亲，这就是这个婴儿的父亲。

我在瞬间就在内心和我的父亲连接上了，爱的清明传遍我的全身。尽管他离开我已经48年了，我没有任何记忆，然而那一刻，我体验到了父亲，在他清明的怀抱中，亲吻着我的柔发。我被疗愈了。

我把视线转向窗外，婴儿的清澈的双眸就映在窗外的世界。

我们都知道母亲的爱，情感的、感情的，浓浓的爱意弥漫在孩子的周围，给孩子带来快乐。而现在我看到了父亲的爱，清明的、觉知的、全然的意识状态中发生的爱，它撞击了我的心，然后撞击出了我所热爱的、所有孩子的父亲。爱可以全然在爱的觉知中，变得纯粹而呈现出理性的美。

我知道孩子会长大，这一幕会在时间的长河中流失，不再有人记忆。这个孩子也不曾记忆，父亲的爱就全然地融进孩子的生命中，内化为孩子的清明、觉知、理性和强大的意识。然后，有一天他会成为父亲，一代代传承下去。

这其后，我在一家超市的外面，看到一位父亲的背影。他怀抱着婴儿，背影警觉而专注，心全然地守护着怀里的婴儿，立在马路边。我注视了他一会儿，然后转身离开。

我从母亲那里发现了强大的、无条件的、神性的爱；我从婴儿那里发现了父亲；我从父亲那里发现了不同本质和面向的爱。爱在父亲那里是清明、理性、觉知和高度意识的状态，我知道了孩子智慧和清明的来源，这使我对孩子的生命的成长充满了喜悦。

那些尚未发现的、陪伴孩子生命成长的秘密真的很多，这一刻我就自然地和所有的妈妈带着孩子站到了一起：父亲，我可尊敬的父亲，就这样爱你的孩子吧！

父爱，透过和孩子的连接传递

文·孙瑞雪

谈父爱，我们必须先看男性在社会中的角色。

我们现在的社会，从整体来看仍然是一个“父权”存在的社会。这个概念非常重要，它意味着我们必须看见和尊重这样一个存在。从人类进化和发展史的角度来看，社会主要是以男权为主导的（尽管出现过短暂的母系社会），这样的状态必然导致家庭也是父权和夫权制。这意味着一个非常简单的问题：权力和责任。长久以来，这样的角色设定无形中形成男性一些普遍的生命特质：

创造力和领导力，开创的勇气和对权力的欲望；

理性和逻辑，偏重理性和推理，而非感性；

专注和单独，独自、高度集中地去解决现实问题；

征服力和竞争，对占有和征服充满激情和豪迈感；

力量感和权力欲，内心的力量和权力的力量；

宏观把控和清晰度，注重事物的结构和框架，忽略细节；

意志力和刚强，达成目标的恒心；

独立性，人格和行为上的独立自主；

责任感，社会和家庭中权力和责任的对等；

强权，强行实施自己的意志；

目标导向和远见，建立和达成目标；

行动力和效率，实施能力；

自由和成就感……

还可以举出许多，这些正是求生的本能所产生的能力和品质，也是把事情和社会强有力地向前推进的特质。正是这些塑造出男性身上的智慧、权力欲、力量感和意志。

这里没有褒贬的含义，只是普遍性。

所以，我们看到，带有这样特质的男性——爸爸，在对待孩子、爱孩子上，会不同于妈妈。

我们同时还要发现和尊重这样一个存在：在现代社会里，进化的社会分工和文化的观念中，养育孩子是母亲的责任。父亲们都出去“狩猎”和“征战”，没有更多的时间陪伴孩子。妈妈们必须看到这些。在尚未改变之前，看见这样的存在，会使母亲变得理性和明智。现在你试想，这样特质的父亲，他将要如何爱他的后代呢?

从现象上来看，父亲对待孩子，就不会像妈妈那样事无巨细地照顾。你观察男性对小朋友（6岁以前）的看护，大部分男性都会站在旁边，很警觉，只要孩子不出问题就可以。这样做是宏观把控，原则是安全第一，孩子愿意做什么都行。如果父亲期望他的孩子达成某件事情，那就是马上行动。他的方式像对外在世界一样，明确命令，马上行动。

一般来说，父亲更多的是表现在生存的智慧、理性、力量以及意志的状态中。生存是所有生命面对的严峻问题。而母亲更多的是表现在感性，生命的圆润、生命的流动、生命的滋养以及生命的幸福感上。快乐

建友

和幸福感是人活着的质量和意义感所在。孩子需要接受父亲和母亲两方面的能量，这样长大后才会变得更完整。一个人获得父母能量的情形，也会透过他的身体被展现出来，身体前面部分展现的是获得母亲的爱的状态，后面的部分展现的是获得父亲的爱和能量的状态。

我们关键所在就是要思考我们的孩子如何获得生存的智慧、理性、力量以及意志。关键就是他们的父亲，那个已经经历了近100万年进化而没有被淘汰掉，并且传宗接代，就生活在孩子身边的人。他是孩子最直接的获得来源——无论是基因还是生命成长的环境。当然，这不排除女性也拥有这样的能力和智慧，我们只是把焦点放在了父亲身上。

首先，孩子必须爱上爸爸，男性的特质才会和孩子产生连接，这样的品质才会从孩子的内在发生出来。所以，妈妈要有一个明智的思考，就是不管发生什么事，永远告诉你的宝宝，“爸爸爱你”。从你这里，把这个信息源源不断、生生不息地传递给你的孩子，以便在父亲无法经常看护孩子的状态下，铺垫和埋下伏笔，帮助孩子对爸爸产生爱的感觉。爱的感觉非常容易让孩子捕捉到父亲生命的特质，这就是一种和父亲的连接。如果一个爸爸跟自己的孩子连接上了，那孩子就会感觉到他自己脊椎的力量感。我说的脊椎有力量感，不是象征性的词汇，而是一种身体的真实的感受，是从头顶到尾椎的部分，孩子都会感觉到自己强有力，这是父爱所呈现的男性生命的特征。你会看到所有得到父爱的孩子，那些长大了的成人，无论男人还是女人，都会表现出理性、行动力和力量感。同时，你会观察到他们后背脊柱的柔韧、力量感、中正度都比较好。所以，我们从父亲那里获得的爱体现在身体、心智和人格全方位上。

父亲对孩子最基本和最高的爱也是连接，和孩子连接。连接是一种感觉上的互通感。由于很多男性没有时间照顾孩子，但是至少要和孩子产生连接。连接了，父亲才和这个生命产生了关系。关系就是在两个人的连接中产生的。如同一个导体，流动才开始。

我必须再阐述一下“连接”。这个世界非常丰富：物质的世界、生命的世界、艺术的世界、科学的世界、权力的世界、情感的世界、自然的世界、金钱的世界，所有的一切都在你生命之外。你可以和它们毫无关系。如果你想要获得这些东西，你就必须拥有它们。我们把两个词拣选出来：“获得”“拥有”。如何让一个孩子的生命拥有它们呢？那就是让这些东西走进一个人内在的世界，成为他生命的一部分。全世界最美妙的音乐就在那里，为什么你一无所知？如同金钱就在那里，你却一贫如洗。因为你和它们没有关系，你感觉不到它们。一切的开始都在你“看见”。“看见”不是指用肉眼看见，而是用“心眼”看见，即用感觉和它产生一种发现的、惊喜般的流动，和它有了亲密的碰撞。这种感觉叫连接。关系就此产生。如果你跟这个东西没有连接上，它对你来说就是全然的不存在。你有一个里边的世界，你有里边的感受、情绪、思维，这两个世界中间要有一座桥梁把它们搭上，搭不上的时候那个世界对你就是不存在的。对别人可能存在，对你就不存在，所以每个人都有一个世界。连接就是你的“心”跟世界搭上了桥。连接本身就是桥梁，是生命的彩虹。

所以，父亲一定要跟你的孩子有连接，要让孩子知道你是存在的，你不是一个概念、权威。你是活生生的，就像《我的叔叔于勒》中描述的：“这就是我父亲的兄弟，我的叔叔于勒。”叔叔在那一刻走进了这个孩子的生命。父亲和孩子连接上了，这个孩子就能获得他生命中需要的精神营养，他的生命就会自动吸收你的智慧、理性、力量和意志。而连接从最简单的解释来看，就是父子彼此相爱。孩子爱你或一旦孩子爱你，孩子就会站在旁边观察你、模仿你、学习你，你的智慧就像能量一样传递过去。

所有的爸爸还会对6岁以前的孩子说："孩子，你怎么了？"但孩子6岁以后，父亲会说："你应该这样做。"他开始要求这个小公民获得生存的智慧。我们只是要排除父亲对孩子的暴力，无论是身体上的还是心理上的暴力。但我们不能把父亲的严厉如同暴力一样全部排除掉，我们也不能试图把父亲改造成母亲，因为孩子已经有母亲了。

出门郊游，妈妈要带一堆东西，安顿这安顿那，事无巨细。这就是妈妈。爸爸却截然相反，对孩子说："走。"然后就走了，有行动力。渴了，饿了，尿裤子了，怎么办？这就是父亲，他们就用男人的方法解决，怎么办都行。孩子就在这样的活动中发现爸爸，看见父亲。

父亲，请跟你的孩子连接，这个连接不需要你教给他怎么样，你的孩子在旁边就会吸收你生命中独特的生命特质。

正常的家庭关系，让孩子感受到爱

文·孙瑞雪

在家庭中，以夫妻关系为主，夫妻关系是第一位的；其次是孩子和妈妈、爸爸的关系，这叫三元关系；然后是孩子跟妈妈的关系、孩子跟爸爸的关系，这是两人关系。一个家庭保持这样的序位，孩子才能感受到安全感，感受到被重视。

正常的家庭关系应该是这样的：夫妻俩手拉手，孩子站在父母的前面中间位置，这是最正常的家庭关系。因为小朋友要受到爸爸妈妈的呵护才有安全感。妈妈是情感的代表，爸爸是理性的代表，孩子靠情感来滋养他内在的生命，靠理性来发展他外在的世界，两者必须是同步的。

透过看到父母之间的关系，孩子学会未来自己和他人的关系。父母关系是孩子18年观察和耳濡目染的“关系的参照物”。但大部分的夫妻关系和家庭关系是有问题的，这类问题是由于家庭关系的无序引发的，主要有两种情况：

- 三人关系在家庭不常出现，或少有三人关系的真实生活；
- 三人关系变成了两人关系，即孩子和妈妈的关系，或者孩子和爸爸的关系。

以妈妈和孩子的关系为例：妈妈全部的心思和时间都在孩子身上，淡化和丈夫的关系，家庭秩序就成了妈妈跟孩子手拉手，爸爸站在后面，在关系之外。这种情况下，孩子代替爸爸成为妈妈的心灵伴侣，孩子从心理上承担了爸爸的责任。而妈妈会从心理上依赖孩了，掌控孩子，“我跟你相依为命”。这样，在心理上，孩子就成为妈妈的丈夫，妈妈的幸福与一切就由孩子负责了。这就是家庭关系的“乱伦”。我们说的乱伦绝不是身体上的问题，而是家庭的秩序混乱。这种混乱导致夫妻其中一方被排除到家庭的归属之外。这就会带来家庭的不稳定、关系的纠葛以及对外关系的问题，同时也会造成孩子未来婚姻中的问题。

孩子需要成长，需要在完全的关爱中成长。他不需要有负担，他必须把他所有的生命能量都放在自我成长和自我建构上。

所以，你现在知道责任感意味着什么了？责任感意味着你要为这个家庭里面的最弱者负责任。因为儿童没有力量，没有能力，所以他对家庭中的客观关系敏感，容易受失衡的家庭关系影响，导致问题出现。我们要号召所有的人回家，为了我们的孩子回家；我们要号召所有的妈妈爱自己的丈夫，所有的丈夫爱自己的妻子。做到这些，才能保证我们的孩子的成长非常好。

所以我们说，家庭关系中第一位是夫妻关系，第二位是三人关系，第三位是孩子和妈妈、孩子和爸爸之间的关系。很多人说："孙老师，我让我的孩子跟某某的孩子建立关系，那他长大以后，人际关系就会很好。"我要说的是，这并不是关键，核心的问题是，他未来跟任何人的关系都取决于家庭关系的模本。

你的爱有几分

爱的语言　爱的行为　爱的心理　爱的关系

文·孙瑞雪

爱是人类永恒不变的主题，只不过爱的内容各有不同。

成人对爱的理解，关注点聚焦在爱情上；儿童对爱的理解，关注点聚焦在安全感和保护上；老人对爱的理解，关注点聚焦在安慰和照顾之中。

我们知道爱在一生中会以不同的形式出现。爱究竟表现在哪里？什么是爱？

爱对儿童来说意味着安全感，意味着被关注，意味着自信心，意味着生命的活力，但这只是一堆语言，对我们几乎没有帮助。我们不知道什么叫作关注，不知道什么叫作自信心，不知道什么叫作生命力，但是我们看到的是爱表现在语言、行为、心理和关系上。爱是生命与生命的连接，爱从来不是一个概念，爱表现在具体的形式上。

爱的语言

爱不是一个词汇，不是一个概念。家长经常说："你不知道妈妈爱你吗？妈妈这么爱你，你要天上的星星都摘下来给你，你怎么还这么不懂事！"请问这是爱吗？这不是爱，是你以为你爱他。

我们看到，有个孩子突然摔了一跤，父母说："摔了吧？我让你这么动了吗？你知不知道这样会摔坏的？"这是爱吗？不是，是父母恐惧了，父母恐惧孩子会出问题，导致父母把恐惧释放到孩子身上。把自己的恐惧、自己的担心、自己的烦恼压在孩子身上，这是爱吗？

我们现在要给爱正名，爱就是爱，骂就是骂，恐惧就是恐惧。当孩子摔倒了，我用这样的方式对他："宝贝，妈妈知道你想跳下去，对吗？可是这样有点危险，我们可以从更低一点的地方来跳。"这是不是爱？是爱，我没有把我的恐惧给他。

我们走到马路上，孩子累了，要妈妈抱。"你的腿呢？你的腿长到哪里去了？"这不是爱。如果我累了，孩子也累了，那我就跟孩子协商："妈妈抱你一会儿，你自己走一会儿，好吗？"

如果一个孩子在哭，我们经常会说什么呢？"你哭什么呢？哭顶用吗？"换个模式来说："妈妈知道你很伤心，很沮丧，你想哭就哭吧，哭一会儿可能会好受一点。"这才是爱。

如果你的孩子在这种爱的语言中长大，他也会去爱别人，会有爱心，会很自强，智商也很高。凡是得到爱的孩子，他内心平静，头脑会自动地发展智能，就不会出问题。

所以，爱应该是什么？爱应该是这样子，拉着孩子的手，蹲下来对孩子说："妈妈非常爱你，但是那个事情不能那样做，你明白吗？"这是爱，告诉孩子“我很爱你”，只是那件事情不可以做。我们让孩子永远知道他是被爱的。

爱的行为

我们知道，身体不仅仅是透过语言给人信息，它还通过行为和姿态给人信息。

比如在幼儿园里有一条规则，不可以打扰别人。如果孩子受到了打扰，可以要求对方向自己道歉。但并不是所有的孩子都有勇气和力量要

求对方道歉，这时候你怎么做？

你有没有在他痛苦的时候把他搂过来，在他胆小的时候带着他说“请你向我道歉”？孩子会怯生生地说：“请你向我道歉……”你再接着鼓励他：“说得好极了，我们声音再大一点，你有权利要求别人道歉。”这是不是爱？是的，你给予他一种面对问题的力量，这就是爱。

请感受一下，假如一个人对你没有任何要求，他对你说“我爱你，无论怎么样我都爱你”，你会有什么感觉？

你有没有发现，当你获得了这个肯定的时候，你会觉得财富并不那么重要。你会觉得你能够非常好地立足，你不再害怕。获得爱的孩子就是这样，他可以空无一文地走向社会，因为他有一个财富，已经完全地储存在他的血液里，那就是他的父母给予他的爱，也就是父母能给孩子的财富。这意味着，爱，完全源于父母，而不源于父母拥有什么地位，不源于父母拥有多少金钱，而源于爸爸妈妈有多爱孩子！所以，身为父母，不要只考虑现在多挣钱，孩子以后就好了。他现在需要的就是爱，这就是我们所说的爱的行为。

爱的心理

所有家长都应该认定，自己的孩子是最好的。这个潜在的心理会被孩子的生命接收到。很多妈妈问：“我这么认定了，我的孩子就能成为天才吗？”我们可以这样理解，如果你在孩子0～6岁的时候就认定他，他就有50%的可能成为天才。如果0～12岁，你都坚定地这么认定，他成为天才的可能会达100%。那么问题是，你是否能够有这样的心态？你是否认为你的孩子就是一个天才？

我的孩子在上小学时，做数学题不用笔算，而是用头脑想。到了五六年级的时候，这个状况便很艰难，因为已经面临上万的数字，他必须高度集中，中间要打一个岔，就会被打断。

等到六年级的时候，我问他："你还要坚持这样吗？"他说："是的。"我说："为什么？你给妈妈一个理由。"

他说："妈妈，你知不知道世界上有一个数学家，他用形象思维的方式处理理性思维？我就是这样的人。"

我们且不说他是不是属于那样的人，但我知道，在学校只有他一个人坚持下来。因为他老抗争，所以他坚持了下来。到了后来上中学的时候，他数学很好，基本上每次考试都是满分，而且特别细心。我知道他是这样一个与众不同的状态，我们没有破坏他，因为我想去了解，我不怕他"有问题"，我知道那个问题和思维发展的状态是什么。因此，我们心理上要确定，我们的孩子很好，不能在他刚出生几年的时候，就已经认为他不好了。

我们应该天然地认为婴儿出生了以后，就是完整的、非常好的。你要相信大自然在他的身体里面预设的密码，你只是要帮助他把这个密码破解开，让他自己破解开。我们说这是爱的心理。

爱的关系

关系是什么？关系就是当我们俩共同出现的时候，我们两人之间派生出来的一种东西。如果一个人处理不好自己的关系，那么这个人一定会生出麻烦。我们的生命，首先依赖于孩子和妈妈之间的关系，和爸爸之间的关系，和家庭之间的关系。

起点

在家庭关系中，如果爸爸站在左边，妻子站在右边，那么孩子站在中间是最适合的。他的背后有两个支持者，所以这个孩子一定有力量。

但假如孩子来到了妈妈身边，站在本来爸爸该站的位置，这时候会发生什么呢？妈妈会自然地把压力放在孩子的身上，这个孩子的负担就重了起来。因为看见妈妈不幸福，孩子就想来负责，于是变成妈妈的心灵伙伴，而爸爸就站在了这个系统之外。那么，在这样的一个关系中，孩子就出问题了。这个孩子长大以后，他的家庭也会出问题。同样的道理，孩子站在妈妈的位置上，也会导致家庭系统出问题。

用生命的价值体系去爱孩子

我们寻找无形的财富的方式有两种：一种是向外寻求，当感觉自己出了问题时，就到外面去寻找解决问题的方法；另一种是向内寻求，出问题时把注意力放到内在，向内来寻找方法。你会发现，向外寻找的人会越来越匮乏，而向内寻找的人会越来越丰富，因为在向内寻求的过程中，宏大的内在会给予人越来越大的力量。

我问过很多人，你认为你拥有什么？通常会听到家、孩子、丈夫、父母、朋友、工作、房子、车子、我自己……这些绝大部分是我们所拥有的东西。尤其是对男性来说，社会衡量男性的标准是座驾、存款和地位，我们把这个评判系统称为社会价值系统。但是，如果用社会价值系统来评判生命，整个生命系统都会出现问题。如果我们因为一个孩子的爸爸是官员就对他好，而另一个孩子的爸爸是普通职工，就对他不好，那么人类的文明就会被逐步颠覆。面对儿童，我们必须用生命的价值系统来衡量。

起点

生命的价值系统包括什么呢？包括爱、尊重、自由、规则、平等和支持……生命需要在这样的价值系统中发展。一位在某单位任职局长的家长来到学校，告诉老师他的孩子出现了自闭倾向。这位家长回家后面对3岁的孩子，仍然是局长的角色，他的世界极度狭窄，把角色认定为自己，把自然人和角色混为一体。把工作模式放到家里，孩子便出问题了。园长告诉他，我们这里没有局长，只有男人和女人，父母和孩子。我们必须面对和正视的是，当今社会正在以社会价值系统评判和教育儿童，导致教育的方式和教育的宗旨出现问题，导致老师贪图孩子的家庭出身，导致成人依据儿童的家庭背景，来决定怎么对待一个孩子，导致家长自视事业成功或失败，而要求孩子必须有所成就。

我们必须清楚，每一个生命都归属于自己，每一个生命都是大自然借助父母降生在这个世上的产物。如果我们爱孩子，那我们首先就要尊重孩子的生命，尊重他遵循自己的生命规律去发展。这是一种新的意识观念，它能够帮助我们的新人类。

生命是基于爱而成长的，所以我们要还原爱本来的模样。爱孩子，就要尊重他是一个独立的生命，这个生命拥有丰富的内在资源。当婴儿出生时，除了身体是有形的，剩下的东西我们一概看不见，但我们可以感觉到精神胚胎的存在。婴儿出生后，为什么我们爱不释手地捧着他，并不是因为我们突然有了多少爱，而是婴儿宏大的精神胚胎把我们的爱唤醒了。

无条件的爱

不要认为自己爱孩子，而是真的要这样做。毫无疑问地说，我们没法强行要求别人做到这点，没法要求幼儿园老师做到，没法要求小学的老师做到，但至少我们可以做到，因为我们是孩子的父母。直到有一天，我们的孩子够强大的时候，我们就可以要求幼儿园和小学的老师做到，我们有权利要求。

今天很多成人的爱，都有功利性，但你的孩子爱你，是纯粹的。有一次，我看到一个小男孩在机场到处跑，他妈妈烦得恨不得打他。他跑了一会儿，发现我在观察他，就看着我笑，并走了过来，对我说话：“知道吗？”我说：“怎么了？”他说：“我爸爸要回来了。”他为什么跑？因为他爸爸要回来，他压抑不住幸福快乐。过了一会儿，他的爸爸妈妈走出来，那个孩子突然大喊一声“爸爸”，然后冲向他爸爸，就像猴子一样，跳到他爸爸身上，紧紧地抱着他爸爸的脖子，眼泪流了下来。我立刻就想，在这个地球上有什么样的爱是纯粹的？只有儿童对父母的爱是纯粹的。但是，这种爱一直被父母疏忽，一直没有被父母享受。所以，我们说爱从不是一个概念，学会爱你的孩子，你就学会了爱你自己。

弗洛姆[1]这么说：“我希望我所爱者，能够按自我的意愿，依其自我的方式生长和发展，而不是服务于我的目的。”这句话的含义是，我所爱的人应该按照他自己的意愿去行事，而不是让这个人服务于我的目的。这句话是说，我要尊重孩子这个个体，而不是让这个个体来服务于

[1]　艾瑞克·弗洛姆，德裔美国人，人本主义和精神分析心理学家，著有《爱的艺术》《逃避自由》等。

我。任何一个人，任何一个社会，任何一个秩序，如果使人沦落到服务于现存的某个东西，那么这个东西都是反人类的。生命应该按照它原有的状态生存，这样才符合整体物种的进化。

孩子的生命属于他自己，我们不能让孩子出生以后来替代我们的生命，这就像纪伯伦写的一首诗——

因为他们的灵魂，是住在“明日”的宅中，
那是你们在梦中也不能想见的。
……
因为生命是不倒行的，也不与“昨日”一同停留。
……
你们是弓，你们的孩子是从弦上发出的生命的箭矢。
让你们在射者手中的“弯曲”成为喜乐吧；
因为他爱那飞出的箭，也爱了那静止的弓。

我们永远都不知道我们的孩子怎么了，但是我们完全可以让我们的孩子按照他原本的生命状态来成长。

爱的历程

起点

用爱创造生活

文 · 孙瑞雪

我要告诉你，生命是至尊的，
我要告诉你，生命是至爱的，
我要告诉你，生命是创造的，
我要告诉你，生命是自由的，
我要告诉你，至爱的生命是永恒的。
因此，你是永恒的。
这些不取决于你是否愿意相信，
真理只是存在，无须相信。

19年前的一天，我怀着身孕正上楼梯，脑子里突然冒出一个情景，使我顿足定睛。我好像看到我的孩子正拉着我的手，坐在楼梯上纯真而好奇地问我："妈妈，什么是爱？"我看到，我茫然地看着我的孩子，不知怎么回答。

当时，我的生活正沐浴在丈夫全身心的爱中，而且在我的身体里，我正满怀喜悦地孕育着一个新的生命，他使我充满了爱。这样一种生命状态，我竟然从未思考过“什么是爱”这样一个问题。

这个问题重要吗？

必须考虑吗？

爱对我，对我们每一个人到底意味着什么？

对所有的生命到底意味着什么？

不考虑它，是否生活就会出问题？

当我这样思考时，我的生命就此产生了一个好奇：爱孕育在哪里？它就在生命中吗？也许我可以从对婴儿的生命体验中寻找到它，这一定可以正本清源。

从那天起，我就开始了一段19年的寻找爱和实践爱的心灵旅程。我和我的团队一同实践了这个过程。学习和体验爱，使我们所有的人——孩子、家长和教师团队就此获益，并由此改变了我们的生存状态和生活。

非常奇怪的是，经历了这样的一个过程，我才逐渐领悟到，这其实是一个体验爱、经历爱、还原爱、还原生命和矫正概念的过程。这一切大部分是源于作为参照物的儿童，松动了我们的生命系统。这使我发现，儿童对于成人来说，是生命的又一次成长机会。就如同一条将要死亡的河流，突然又缓慢流动了起来。封冻的生命之河，再一次开启，心灵的世界重新又被打开，世界在两岸又变得新奇和有趣。因为这样一个过程，而使我体验了爱。

看，“爱是什么”这个问题起始于孩子，我期望再回到孩子那里去。有一次，我问一个8岁的孩子：“人为什么活着？”孩子迅速而确定地回答我：“和动物一样，繁衍后代。”我问：“没有其他的意义吗？”孩子说：“意义都是你自己赋予的。”

我在内在的惊叹中叹息良久。

起点

“意义都是你自己赋予的。”这句话意味着人是有意识的；人的意识是自主的，自主的意识是可以选择和创造的。

这说明我们拥有所有生物的特质，但同时又拥有只有人才拥有的特质——意识。是的，我们和地球上其他的生命一样，繁衍后代，以期使我们这样的物种可以繁衍下去。但除此之外，精神的发生由人类开始，并在人的身上不断进行着……我们不仅作为个体精神的存在，因为个体精神总是会汇集在一起，成为一种集体意识。所以，我们还生活在一种集体意识之中——文化。文化是个体精神的聚合，文化是一种集体意识的现象。我们就生活在不同的国家、种族和家庭的文化之中。我们最根本的，是一种意识的存在体。作为人类，我们是否可以很好地繁衍下去，其根本点取决于我们的意识状态是什么样的，这也是种族、家族或者个人是否被淘汰的关键。

而在所有的意识形态中，爱是最高的意识。我们的未来如何又取决于我们如何对待我们的孩子。这正是我想表达的：善待我们共同的孩子，用爱来创造我们的生活。

爱是什么

歌德说：“人们只能认识自己所爱的，激情越强烈越充沛，认识就越深刻越完整。”

我们先从“爱”这个词汇开始说起。“爱”，在你读到这个字眼时，你内在的感觉是什么？它触动了你什么？你是惯常的、习惯性地读出了它，还是内心躲闪着这个字眼。你的理解和记忆是什么？它代表着什么？

一位记者问一位5岁的孩子："什么是爱？"

孩子说："那不好说。"

记者问："是不好说，还是不好意思说？"

孩子说："不好意思说，因为那恶心！"

记者问另一位孩子："你知道什么是爱吗？"

孩子咬着手指说："就是让人抱一抱。"

记者问："你想让谁抱一抱？"

孩子摇头说："不想。"

起点

此刻，就此刻，你可以随机性地问你碰到的任何一个人："爱是什么？"我刚才就问了一位男士。他说："噢，这不能随便说，不觉得肉麻吗？"他的身体呈现出一种扭曲和掩饰。我问："你这样认为？"他说："不是我这样认为，99.99%的人都这样认为。"我们不管这个数字的真实性，他在告诉我们，大部分人都这样认为。

这是我们文化中对"爱"，这个普遍性的、核心性的、终其一生的、真理性的以及使我们人类强大地延续下去的字眼的一个描述。尤其是这样的描述通过一个孩子的口讲述了出来，就更能说明它已经成为我们的一种根深蒂固的文化状态。

我不得不再次提到，在我们的文化习惯中，"爱"这个字眼在生活中不常提及，不被说出口，常提及这个字眼的是恋爱中的女人。"爱"被局限在一个非常狭小、有限、本能、某种属性的范围内，并且也时常被局限在了某一个特定的年龄阶段，甚至和龌龊、暧昧、非正常关系牵扯在了一起。于是，"爱"就羞于被我们说出口，尤其是羞于被男人说出口（容易让人产生联想）。这种意识状态在今天没有多少改观。我怀疑，我们是否把一种外在的现象，一种本能的欲望，一种身体的、情感的需求和感觉，和爱混淆在了一起。我们就这样看它，以至于在几千年内都无法使"爱"这个伟大的内容在我们的文化中彰显于世。

对于一个个体的人来说，文化是一个核心。人出生之后，文化——这种集体意识彰显在每个人的吃、喝、住、行之中，它会在潜移默化中渗透和潜伏到你的生命之中，在意识和潜意识中不知不觉地、神出鬼没地同步造就你。因此，大规模的个体精神的创造，会改变我们的文化。我们将要创造高于我们过去文化的意识——爱的意识。这就是进化。

爱是什么呢？如果我们从生物学的角度来考察，"爱"是一切生物的属性，是大自然在生命中的一种设计。虽然各种各样的生命所呈现出的爱的方式不同，但本质是相同的，那就是为使自己的种群繁衍下去而产生的利他行为。在动物界，尤为表现在对幼崽的保护、照顾和呵护上。尽管从生物学的角度，或者说从“外面”的角度观察认为，进化是生物适者生存，优胜劣汰的竞争结果。但从生命“内在”得出的结果是：生命，所有的生命是“爱”保存下来的。你可以看看纪录片《帝企鹅日记》，帝企鹅在保护、照顾新生命的诞生和养育过程中所呈现出的景象，其壮丽性、神圣性、悲怆性，令人叹为观止。然而，动物在对待其年老的动物上，却遵循的是自然淘汰的法则。

回到人类身上，人类之爱是什么？从地球最初的形成、演化，到生命的形成，再到人类的出现，这三个不同阶段的演化，其意义尤为重大的是人类的出现。有了人类的意识，才可以呈现宇宙的本质——宇宙是意识的。地球作为物质形态形成至今的演变。人类精神的存在使地球的意义产生了巨变。

在地球上，人类是所有物种进化的最高端，人有别于动物的根本之处是，人拥有生命圈内唯一的一种特质——精神。这种特质导致了人类成为这个地球的主宰，成为演化的顶端，而且将以此特质继续发展下去。也就是说，我们人类将以精神作为演化的主旨。精神的进化正以我们不知的速度迅猛地推进，它呈现在个体的身上，是以个体的“自我意识”的状态出现。人从动物的归属中升华出来，成为一种伟大的存在，人是精神的。

由此我们知道，爱，具有生物性的普遍特质，但同时人类之爱完全不同于任何生物层面的爱。因此，人类之爱不仅呈现出繁殖和生存的特质，而且表现在只有人才拥有的精神特质上，心灵的成长和意识的演化上，并且这种爱呈现在从生到死的整个过程。因为只有人类从生至死都在创造着自己，都在不断的成长之中。因此，我们是否可以这样说，人类的爱，是关注人不断体验成长的过程和经历？

所以，如果我们把爱和生物的特性混同起来，我们说到爱，就和本能、成熟的性、两性关系，以及一些较为原始的情感和心理（例如，哺乳类动物就有较为丰富的情感和心理需求）的需求混同在一起（爱当然也包括了性爱和情爱），对于人这种更加高级的精神体来说，局限在这种状态中，就会本能地、莫名地羞于说出口。这当然是正常的事情。我们把爱限制在了动物，甚至比动物更狭隘的范围内，这对我们这种物种的演化是极其不利的。因为我们已经超越了作为动物存在的状态，进入精神的演化中。这是两个截然不同的生命的境界。

我们先把爱划分到一个世界中来归类，这样便于我们来认识它。

我们尝试着从认识两个世界开始。一个是“外面”的世界，有形，可触摸，可观察，称为客观的世界。即使我们在倾听别人的心理和情绪时，相对于“我”来说的对方，也是客观的。

但还有一个世界的存在，一个“里面”的世界，或者“内在”的世界，

一个生命的、心灵的、感觉的世界。她无形，只有通过自我的感觉来完成和发现。你不再从一个旁观者的角度看世界，而是回到你自己的、内在的、生命的、感觉的世界中，你可以感觉你的感觉，感觉你的情绪，感觉你的心理，感觉你的思维，感觉你的精神。最聪明的动物只能认识它之外的世界，只有人可以认识他自己内在的世界。他知道他与所有的人都不同，他可以内观和感受他内在所有的一切。由此，他开始把握他自己的命运。

爱就产生于这个“内在”的世界，并由每个人自己体验和经历。

你发现这个世界了吗?

由此，“爱”这个词汇，指向和描述内在的、生命的、心灵的世界，她是生命和心灵世界的一种至高的感觉，是生命世界的根本，因此也是“里面”世界的专有概念和内容。

“爱”是世界上最美妙、最全息、最深刻、最纯粹、最伟大的体验和经历过的真实，而且是一种持续性的体验和经历过的真实。借由体验和经历的真实，爱成为一种人的意识状态。她超越年龄、本能、道德、自然和真理。她是生命进化的法则。

爱是一种体验和经历过的真实存在。

爱适合于从生至死的全部过程。

这意思是说，你没办法从头脑的层面理解爱，你没法想象爱，你没法从语言中以为自己知道了爱，你没法被教导出爱。你必须体验和经历这种存在的真实，你就知道什么是爱了。如果你没有体验和经历，你将永远无法知道，任何语言的描绘和你所做的理解上的尝试，都将徒劳无功。

如果爱是一种体验和经历的真实，那么就一定和感觉有着至关重要的关系。这是不是说，爱是一种持续性的被感觉和被经验的过程?

这样，我们就不得不阐述一下感觉。

我们有身体的感觉：疼痛感、舒服感、轻松感……

我们有心理的感觉：焦虑感、安全感、快乐感、渴望感、被欣赏感、被认可感、价值感……

我们有精神的感觉：美感、真实感、空虚感（满足感）、无聊感、无意义感（意义感）、孤独感……

我们有灵魂的感觉：爱的感觉、宁静感、喜悦感、创造感、自由感、悲伤感（慈悯感）……

这样，我们每个人都可以明晰，我们是身、心、灵的复合体，我们就不会认为精神的感觉和灵魂的感觉对我们来说是神秘的、遥远的、陌生的。这些感觉都是我们的一部分，我们的感觉越精微，我们对许多感觉就越发地熟悉。

感觉越精微，次第越高；感觉次第越高，越可以贯穿更低的次第。比如，精神和灵魂的感觉，可以贯穿在身体、心理的层面；精神和灵魂的感觉，同样可以贯穿到物质层面和生命的层面。

所以，爱可以穿透任何物质的、生命的、心理的、精神的领域，它是全息的。

爱是我们的身、心、灵感觉得到的。身体有感觉，心理有感觉，灵魂被滋养，以此联合我们所有的存在。

爱的历程

如果一个人明确地需要爱，这就是他精神和灵魂的声音，以此感觉那部分的存在。因为人必然需要爱，灵魂的功能在于无止境地创造一个人。对个体来说，这叫成长；对群体来说，这叫演化。爱的需要贯穿我们的一生，以此来使生命持续成长。

第一阶段：爱的基础

从出生开始，婴儿基本在自己内在的生命的世界里成长、发展，建构和创造出一个自己。婴儿还没有思维，一切都在身体、感觉和情绪

中，所以婴儿只能感觉、体验和经验。这个基础就形成了人最早的经验。孩子以此逐渐创造着自己，认识外在的世界，这要用漫长的18年来完成。而生命的状况如何？对外面的世界的理解和认识如何？这取决于一个孩子获得的爱有多少。爱使一个孩子充满勇气地去成长和创造一个完整人生的个体——自己，爱也使孩子充满了对外在世界的探索和扩展。

作为父母，你可以仅拥有生存之爱，你可以只照顾孩子，像母鸡照顾小鸡那样，也把它诠释为爱。从另一个次第来说，那没有错。但一个孩子成长到5岁时，这样的爱已经完全不能满足孩子。5岁之后，儿童的成长主旋律就是精神，因为孩子所有成长的部分，吃、住、行，都开始吸收文化的部分，也是意识形成的开始。

18岁后，孩子会用这个创造好的“自己”走向外在世界，然后体验、理解、建立外在世界的经验、智慧和见识，由此拥有了两个世界。或者说是一个完整的世界，在一个生命个体的世界里完整地形成了。这需要持续性的体验和经历爱的历程。

什么叫“持续性”？用语言来举例。爱是需要用语言表达的，语言最重要的使命是表达爱和阐述真理的，不是用来抱怨和指责的，或者说废话。用语言表达“我爱你”，不是偶尔表达一次，不是几次，这叫偶尔表达爱；不是断断续续，时而表达，时而忘记；而是持续表达。持续表达的意思是指，你要对孩子说1万遍“我爱你”。说1万遍，如果每天说2遍“我爱你”，需要15年说完。而且，你需要有感觉和体验地说出，听者——孩子要感觉和体验到爱。这就叫持续。

也许你说不出口，不习惯说，没有人对你说过。那么就学习着说，或者假装说，这比不说要好。假装说1000遍后，假装的成分就转成了自然说，如此越来越有感觉。先在语言方面用爱改变我们的生活，改变我们孩子的生存状态和模式，把指责和谴责孩子的话，变成爱的语言。当基于爱时，我们的假话、虚话、废话也就逐渐变得少了些，再少些。

这就是爱的第一阶段——0～18岁。这是最重要的阶段，爱的基础，所有的爱始于此。

第二阶段：爱自己

有了第一阶段的被爱的体验和经历的真实，才会产生爱自己的体验和经历的真实。被爱后，必然是体验爱自己。爱自己是何等的重要，爱自己才拥有反省能力或者才拥有了“自我意识”。

法国思想家泰依亚·德·夏尔丹说，反省是指意识获得转向自己和支配自己的能力。这如同“自我意识”：那是一种内观自己、感觉自己、和自己交谈、亲密自己、陪伴自己，本质上是爱自己的能力。

每个人都应该知道，人从根本上是“独自的”，即使你和他人在一起，你依然始终在和自己内心的世界在一起。你的世界永远是你的，没有人完全知道你的故事。你的无意识的寻找和你的有意识的等待，同样是你的。你所承担的一切，无一样不是你的。你和上帝的关系也是你的，你的情感以及你精神的世界的丰富，还是你的。你的意识、你的情怀、你的每一个感觉和变化，你的心理、你的精神、你的悲伤和喜悦，无一样不是你的，你是你内在世界最忠实的读者。除非有人愿意与你共享你人生的部分。你如何不与自己相伴呢？

你只是在学习使用这样的体验和经历，只是将它转向了自己。即使你觉得自己很笨、很丑、很无能，你也同样爱自己，容纳自己。这是一个基于爱的体验而对待自己的基础。这个基础就可以使你非常好地活下来，活着就开始有了真正意义上的关注、爱和意义，成长就成为一生的乐趣。

爱自己是一种和自己极深的亲密，是对自己内在一切的观照、坦诚和真实，当然还有接纳。那源于被爱的体验。爱的体验和经历的真实，已经融入你生命的深处，和你的灵魂相遇。虽然这也是一种体验和经历，但历经爱自己的体验已经转化成了你的意识状态。所以，你既用这样的体验感受自己、接纳自己、领悟自己、宽容自己、等待自己、对待自己，你同时也用爱的意识来审视，生命就此开始了独立的历程。

爱自己是一个生命独立的标志。

你终将在理性上清晰，你一生和自己相伴的时间最长久。根本上说，从生到死，你都无法和自己分离。你如果不学会和自己亲密、相伴，你如何走完自己的人生？

你爱自己，最终你还会发现一个巨大的秘密：你的人生就是你的。好大的财富呀！你就开始学习为自己负责任了。由此，你成为自己人生的主人，你便开始把握自己的命运。

一个人只有体验和懂得爱自己，才会爱别人。这是爱的第二阶段。

第三阶段：爱他人

意识是一种稳定的进化状态。爱的意识在经历和体验的过程中，达到了意识的状态，爱他人才成为真正的可能。这是生命成熟的标志。

爱他人，这是进入了一种关系。真正的爱不基于需求而爱，不企图改变他人而爱。爱他人，不是掌控，不是照顾。爱他人，就是尊重他人所存在的一切，作为他人的参照物，让他发现自己，创造自己，呈现自己，全然做自己。并且，自己也在和他的爱的关系中，创造着自己，扩展着自己，做着自己。关系的核心是在彼此的爱中，真实而本质地发现自己，展开自己，创造自己，发现新的自己，发展新的自己。

爱他人是指改变和创造自己，但支持和尊重别人，由此我们找到了关系的真谛。

你开始真正爱上别人，自由而自强，而不是一个软弱无助的索取者。

第四阶段：爱世界

这是生命走向“道”的过程。这意味着你既是一个个体，又是整体的一部分，你跟一个整体相互连接。你如何容纳这个世间的万物呢？你内在的空间究竟有多大呢？所有发生的，所有存在的，你接纳所有。这种自己跟更大的整体相互连接的能力，是一种更加精微的觉察力。它是在内在发生的一种意识状态，它永远无法在外在了解，除非你体验和经历，否则就不是真相。

爱成为灵魂的特质、面向和“语言”。

由此，

“爱”不是一个词汇，但可以用词汇的形式表达；

“爱”不是一种理解，理解是头脑层面的，爱是体验；

“爱”不是一种原始的感觉，但爱必须被感觉；

“爱”不是一种情绪，但爱是最宁静和最喜悦的激情；

“爱”不是一种照顾，但爱可以透过照顾来传递；

“爱”也不是一种作为母亲和父亲的本能，那是动物的状态，而非人类的；

但爱是父母借助爱孩子使自己生命升华；

起点

“爱”是在人类进化过程中，不断学习、体验，逐渐发展出的人类生命中的精神特质。

我们试着这样想：如果从“我”这儿开始创造爱，从“我”这儿开始创造爱的生活，从“我”的孩子开始，让“我”的孩子就生活在爱中，就意味着你创造了一种强大的生存；创造了一种生活在此刻的你的生活、孩子的生活；创造了一种未来的生活。你终于可以远离你世世代代生活的噩梦一般的、负面的、无爱的生活；你慢慢地将会从爱中走出来、走出来。你走了出来，如同人类从类人猿中脱身而出一样……这将是一个巨大的进化，一个人类意识和精神上的进化，一个新的纪元——我们将走向一个人与人彼此相爱的世界，一切制度和规则都以爱作为出发点和原则。但是在这一天到来之前，我们必须首先进化我们自己，让我们自己的孩子得益于此。以我们自己的家庭为原点，这是我们创造爱的生活的开始。

心理学界有一个普遍的共识：人类所有的问题，追根溯源都是缺乏爱。

爱，对于一个孩子来说，意味着很好地“活下来”；爱意味着喜悦、幸福、智慧、快乐、高自尊地活下来，而且充满希望和强大地活下去。

“妈妈，我爱你”

文·刘红梅

身体的感觉或者情绪的感觉，当逐步发展趋于成熟、发展更深入的时候，会透过基本的感觉产生更深层次的感觉，例如孩子的心理感觉和情感的感觉、精神的感觉。

我们每一个人都渴望爱和被爱的感觉，这就是一种心理的感觉。孩子也是在这样爱的感觉和环境中体验爱的。当他体验到爱的时候，会把爱的感觉放大，然后投射出来，用爱的感觉对待外在的世界。

记得有一个阳光明媚的早上，孩子们陆陆续续地来到幼儿园。每个孩子都用自己独特的方式和他的爸爸妈妈或爷爷奶奶进行再见的仪式。有一个孩子说“妈妈，你再抱我一会儿”，于是妈妈会抱着他；有的孩子是跟奶奶飞吻；还有的孩子是哭泣，发脾气，缓解着他和妈妈分离的焦虑感。

我看到萍萍和她妈妈一起手牵手从幼儿园的外面进来了，萍萍显得特别愉快。陪着孩子晨检之后，妈妈就要转身离开。

萍萍坐在台阶上仰着脸，说：“妈妈，你还没有跟我说‘再见’。”

妈妈这时候立刻反应过来了，非常配合地说：“宝贝再见。”

起点

妈妈转身准备离开，孩子说："妈妈，你忘了什么？"

妈妈："什么？"

萍萍："妈妈，你忘记了亲我。"

妈妈笑了笑，俯下身亲了孩子的脸，转身再次准备离开。

萍萍又喊了一声："妈妈。"

妈妈转过身，有些不耐烦："又怎么了？"

萍萍指了指自己的额头，说："还有这儿。"

就在这个时候，妈妈已经很焦虑了，不耐烦地看了萍萍一眼，正要说什么，但是又咽了下去，然后走过去在萍萍的额头上亲了一下。

萍萍的声音再次响了起来："妈妈。"

妈妈转身，有点无可奈何地问："还有什么？"

孩子展开双臂，歪着头，看着妈妈："抱抱。"

妈妈急匆匆地靠近，给了孩子一个拥抱，说"再见"，然后转身走了。

走出一段路后，孩子在身后再次大声地喊了一声："妈妈！"

妈妈这次真的恼火了，一边转身一边烦躁地大声问："你还要做什么？！"

孩子看着妈妈，脆脆地说："妈妈，我爱你！"

妈妈已经有些愠怒的脸愣了一下，然后转为温柔的微笑，回应道："妈妈也爱你！"

就在这弥漫着爱的感觉的氛围中，萍萍开始了她在幼儿园一天的生活。我站在旁边观察着这些的时候，我也把自己投入到这里面，感觉非常美好，非常美妙，在那一刹那，好像所有烦恼的事情都没有了。

孩子是爸爸妈妈寻找爱的感觉的对象，因为我们会看到，成人的感觉很多时候都不是那么灵敏的，都比较迟钝，但是孩子的感觉是非常敏锐、柔软和细腻的，对爱的感觉也是如此。因此，父母有机会透过孩子对爱的感觉的反馈，产生一种如何爱孩子的动力。在生活中经过反反复复心理层面的感觉经验之后，感觉就会自然地过渡到更深的层面。

“我爱你，孩子”

文·李燕

哲哲来到我的办公室，在分享过我的巧克力之后，走到我的矮柜旁拉开了柜门。

我说：“哲哲，这是我的柜子，没有经过我的同意不可以打开。”

“我要玩游戏机呢!”哲哲理直气壮地说。

“那是我的，我不同意你玩。”我说。

“我不愿意。嗯……我不愿意。”哲哲开始撒娇。

“那是我的，我不愿意分享。”我坚持着说。

“嗯……我不愿意。”哲哲依旧撒娇，并伴随着身体的摆动。

我摇了摇头说：“不同意。”

哲哲扑到了沙发上，嘴里继续嘟哝着：“不愿意，不愿意……”

我看着他，不再说话。忽然他翻过身，对我抬起脚说：“我踢你呢！”

我用爱的眼神看着他，说：“我爱你，但我不同意你拿游戏机。”

他又晃着脚，继续说：“我踢你呢！”

我的表情依然没变，没有说话，看着他。

他翻身从沙发上下来，来到我面前，抬起脚空踢了我一下，说：

“我踢你呢！”

“踢人是粗野的行为，不可以。老师爱你。”我看着他的眼睛，坚定地说。

“我踢你呢！”他继续抬脚踢我，我用手挡住他踢向我的脚，说：“踢人是粗野的行为，不可以。老师爱你！”他停了下来，有点无所适从。

我笑了笑，拿起桌边他让我保存的小狗纸偶，说：“汪汪，你好啊，哲哲。我好爱你呀！汪汪……”哲哲笑了，接过纸偶，也开始“汪汪……汪汪……”我笑呵呵地看着又开心起来的哲哲。“还有呢？”我又将他让我保存的两架纸飞机交给他。他一手拿纸偶，一手拿一架飞机，还有一架飞机没法拿，就对我说：“你帮我保管。”“好的。”我愉悦地说。他这才离去。

哲哲显然知道了，拒绝他的要求并不等于不爱他。爱，有时也要学会拒绝。当你和孩子处理问题时只要将情绪和事件分离开来，就不会伤害孩子。很多时候，孩子的情绪或是行为会激起成人的负面情绪，当成人带着负面的情绪与孩子解决问题时，就有可能将孩子陷到更深的情绪之中，致使问题不能得到更好的解决，同时还会给孩子带来伤害。

孩子是用情绪来表达自己的，我们要认同孩子的情绪，允许孩子宣泄自己的情绪，并同时有责任将孩子的负向情绪疏导为正向的情绪。

爱他就接纳他，无论他是温顺的小天使，还是大发雷霆的小魔怪。

不要吝啬你对孩子的欣赏

文·卢春莹

有一天，我去手工区提醒孩子吃午餐。小鱼拿着他的手工作品在我面前展示了一下，可当时我急于提醒教室里工作的孩子归位，并没有停下来好好欣赏小鱼的作品，只是不走心地说了一句：“你的作品很好看。归位完去洗手吃午餐吧。”小鱼听后一跺脚，“哼”的一声就跑开了。我当时以为他是因为还没完成工作不想归位，我的提醒让他生气了。

后来，我看到他拿着作品在走廊换鞋子的时候，他还表现出闷闷不乐的样子，对着我发出“哼哼”的声音。我上前抱着他问：“是因为老师打扰你的工作，提醒你去吃午餐感到生气吗？”小鱼不说话，偶尔又哼一声。

就在我为小鱼的态度和行为苦恼的时候，恰巧杨老师经过。只见杨老师看着小鱼的作品，感叹地说道：“哇，小鱼，你的作品好特别呀！”小鱼这才露出愉悦又害羞的笑，向杨老师展示他的作品。我感觉到小鱼的喜悦是一种期待被看见的渴望实现之后的兴奋感，紧张而又激动。看着小鱼的笑容，我不禁为自己的迟钝笑了。也难怪小鱼会不高兴，他是希望我能看见他的作品，看见他，而我却一直在说别的事情，忽略了他希望被人看见和认同的渴望。

在经历过小鱼的“乌龙事件”后，我提醒自己要更加细心地观察每个孩子的表现，不要吝啬表达对孩子的认同和欣赏。后来，在一次打击乐演奏的排练中，我发现米乐全程投入，能精准地跟随音乐进行演奏，身体还随之晃动，感觉跟音乐完全融合在一起，特别的美，忍不住一直用欣赏的眼光追随着她。

排练结束之后，米乐跟我说：“老师，你能带我去找吴老师吗？”（米乐这段时间完全把安全感建立在吴老师身上，只愿意跟吴老师在一起。）

“当然可以呀！”不擅长欣赏别人的我，忍不住蹲下来深情地看着米乐，向她表达我对她的欣赏，“老师刚才看到你在演奏乐器的时候特别专注，你的身体还跟着音乐晃动起来，好像你的身体里住着一个音乐精灵一样，特别美，让老师忍不住一直注视着你。”米乐听完后很羞涩地笑了一下，跳着去洗手了。表达完欣赏之情的我也觉得特别愉悦，一直歆羡地看着她。洗完手之后，我问米乐：“你想老师带你去找吴老师，还是跟老师一起去看安全区？”

米乐有点羞涩地把头一歪，下颌微向内收，然后说：“我想跟你去看安全区。”那是一种被我看见后对我完全的信任，内心愉悦并希望跟这种愉悦继续待在一起的感觉。听到回答后，我很意外，内心又充满喜悦，忍不住紧紧地抱了抱她。原来看见孩子、欣赏孩子会产生这么神奇的效果和感觉。真的非常感谢孩子的纯真和包容，让我能体会到这种美好的愉悦。

有爱，就不会不耐烦

文·郑翠娟

午休还没有结束，大约下午两点钟左右，我正坐在多多的床边陪伴着他。突然有一些断断续续的啜泣声传来，我四处观察，发现可心正坐在自己的床上穿外套。她一条手臂穿上了外套，另外一只手在用力地拉扯外套的另一端。这时的她双眼紧闭着，手用力拉扯衣服，并且小声啜泣着，看上去很焦虑。

正当我准备过去的时候，原本躺在我旁边的多多已经迅速地走到可心的旁边。我停住了准备过去的脚步，观察着多多和可心。我看到多多来到可心旁边后，抚摸着可心的后背，并且小声地告诉她："可心，别着急。"但可心似乎并没有因为他的抚摸而平静下来，她仍然在用力地拉扯外套。"可心，平静下来，别急。平静下来，别着急……"多多一边说一边轻轻地抚摸着可心。

大约过了三四分钟，可心的情绪渐渐地好了一些，她不再闭着眼睛用力拉扯衣服了。我看到在她身旁的多多仍然没有停下抚摸她后背的手，并且在旁边轻轻地说着："平静下来，没关系的，别着急。"

又过了一会儿，可心似乎已经调整好了自己，她重新拿起外套，再次尝试。我看到她将其中一个袖子穿好了，可是另外一个袖子尝试了很多次，仍然够不到，她好像有点泄气。旁边的多多轻声跟她说：“没关系的，我来帮你。”然后，我看到多多帮助可心拉起另外一个袖子，可心穿好了外套。

这时候，时间已经过去了20分钟。

可心的外套刚穿好，起床的音乐声就响起来了。多多拿起自己的外套，来到可心旁边说：“可心，你看我，你看我是怎么穿的，下次你也可以自己穿的。”然后他开始了自己的演示，演示完了之后，他仍然不忘记告诉可心：“按照这个方法，你也可以自己穿的。”

穿好外套，他回到我旁边。目睹了整个过程的我，心里满满的感动。我拥抱了他，并且轻声对他说：“谢谢你。”此刻的我，已经满满地感受到了爱。我第一次知道，原来穿外套这件事情，用20分钟也不会不耐烦。

一个孩子的回归之路

文 · 宁志佳

可可，据幼儿园老师反馈，是一个活泼、可爱的男孩。6～9岁的3年间，由于父母的工作原因不得不暂时离开自己的家，随父母去了国外，其间发生了什么，我们不得而知。今年，他来到北京爱和自由小学教学基地。

9月1日

开学第一天，刚刚上了半天课，可可因药物过敏，突发急性荨麻疹，在家休息两周。这两周，老师每天会关切地询问他生病的情况，告诉他今日的学习内容。

9月14日　每一个人的感受都很重要！

可可回校上课，由于刚刚痊愈还不能参加体育活动，大部分时间一个人在座位上呆呆地坐着，总能感觉到他的目光在教室里搜寻，渴望有一双眼睛能和他连接……下午有一节美术课，主题是“户外写生”。写生时，有一位女同学想坐在他旁边，他恶狠狠地说了一句：“滚开，这儿没有你的位置！”

当我找到两个孩子解决问题时，可可一直在说：“我先坐在这儿的，她坐过来会很挤，已经没有位置了！”说的时候还特别委屈，哭着转身就要离开。我跟随着他，然后带着他来到办公室。他强忍着眼泪，没有哭出来。

我告诉他：“是的，你觉得很挤，这就是你的感受，这种感受没什么不好！”

他诧异地抬头看了看我，而后继续低下了头。

“在这里每个人的感受都很重要，只是我们需要换一种方式来表达，你可以说‘你坐过来我会觉得很拥挤，你可以换一个地方吗’。”

他轻轻地点了点头，我继续问道：“有谁曾经这样对待过你吗？”他开始大哭起来：“他们都这样对我，他们都不喜欢我，他们还偷我最心爱的笔，老师也不相信我……”

就这样，我陪着，他哭了好久。

等他的情绪稍平静了一些，我说：“孩子，那些不开心的事已经都过去了，现在你已经回家了，也回到了爱和自由的学校。在这里，每一个人的感受都很重要，无论你发生了什么事情，老师都愿意帮助你！”

他说：“这里不是所有的老师都这样，刚才美术老师就不喜欢我，还说我画得不好，还拿我的画和别人的比较，说别人画的比我好，让我重画！”

我回答：“老师是这样说的？我愿意带着你去和美术老师一起核实这件事情。如果是这样，老师需要向你道歉。”

“她就是这个意思，我不去找她，你自己去问她吧！”

我没有再要求他，请他在办公室等着我去和美术老师沟通这件事情。了解情况后，我回来对他说：“我刚才和美术老师核实了这件事情。老师在课前给大家说了一些关于这节课的目标和要求，因为在完成作品的过程中，你受到了打扰，并且没有按照要求完成，所以老师请你重新完成。别人可以离开，是因为他们已经按照要求完成了课堂内容。让你留下并不是因为你不好！在这件事情里，老师尊重你的感受，你可以慢慢调整。看是否能放下一些对他人的防御和敌意，‘我不好’‘别人都讨厌我’的感受也许会慢慢地转变！”

他点点头，然后说：“我可以在你这里坐一会儿吗？”

我说：“当然可以！在这里，你任何感受都是被接纳和尊重的，以后无论发生什么，你都可以来我这里坐坐，我愿意倾听你的感受！”

9月15日

全校秋游，可可向同学骂脏话，被我严肃地制止了，并告诉了他正确的表达方式。在集体活动的时候，我发现他还不会跳绳……

9月18日

我约谈可可的爸爸，和家长分享了孩子在学校里发生的事情，以及我如何倾听、帮助孩子。同时，我了解了孩子前三年的成长状况，并请家长配合做到以下几点：

1.陪伴、鼓励孩子参与体育运动，释放情绪，提高身体素质和协调性，增强自信和中正的力量；

2.在家庭中执行规则要带着爱和确定；

3.看到孩子进步，要及时给予具体的欣赏；

4.成人给孩子提供精神、文明的成长环境，多接触适宜孩子活动的场所，如公园、博物馆等；

5.每天与孩子有固定的交流时间，家长不做评判，只是倾听，让孩子释放自己的情绪和压力，尊重孩子的感受。

9月19日　再一次倾听他的情绪……

早晨一个女同学哭着来找我，说可可使劲揪她的头发还掐她的脖子。当我找到可可解决问题的时候，他的眼神和身体充满了防御和愤怒，并不断地说："因为她踩我的脚，她就是故意的，使劲踩我的脚。"

女同学委屈地说："我真的不知道我什么时候踩你的脚了，我们俩的书包柜离得特别近，可能是我不小心踩到的，我真的不是故意的。"

"你就是故意的，就是故意……踩得我很疼！"他的情绪开始激动，两只手愤怒地攥成了拳头，互相揉搓着。我把他单独带到了办公室，再一次倾听他的情绪，认同他的感受，让他尝试哭出来，打垫子，跺脚……

9月21日　别人拒绝你不是因为你不好，而是此刻他不需要！

今天手工课，每组都用不同颜色的橡皮泥，可可组的橙色用完了，他去其他组要橙色橡皮泥，被拒绝了。他愤怒地摔门而出，边哭边说："我要去找宁老师。"

那时我正在组织老师们教研，他见我不在就坐在我的座位上等着我。我回来后，他哭着告诉我发生了什么，还说："他们都不喜欢我，不借给我橡皮泥。"

我倾听着他的哭诉，等他平静下来后，我告诉他："别人拒绝你不是因为你不好，而是此刻他不需要！"

9月29日

可可在操场踢球，不小心把球踢到了球场外面，迎面走过来两个同学本想把球帮他踢过去，但是不小心踢到了旁边，可可愤怒地用球砸向这两个同学。可可愤怒的原因是他认为这两个同学是故意把球踢到旁边去的。

我依然是倾听着他的情绪和感受，最后拥抱了他，一边抚摸他的后背一边说："可可，在这里你是安全的，是被接纳和尊重的，是被关注和认同的。"说完，我的眼泪也流了下来……我们俩擦擦眼泪，开心地拉着手去餐厅吃午饭了！

10月9日

经过十一的假期，早晨见到可可，发现他换了发型，整个人有了活力，笑容也很多。课间，他捂着胸口过来找我说，刚才有同学碰到他了，被撞疼了，叙述的时候很平静，他说："不用解决问题了，我就在你这儿待一会儿。"

我很关心他的身体，仔细看了看他说疼的地方。这一次，没有情绪的宣泄，他坐了10分钟之后，便离开了。

10月13日　有朋友的感觉真好！

社会实践课外出采摘，可可和我坐在一起，开心地跟我说："彤彤说她想当我的妹妹。"这时，彤彤从后面给他递过来一个好吃的，他笑着对我说："有朋友的感觉真好！"

10月17日　全班同学向他竖起了大拇指！

舞蹈课上，第一排的位置被人选完了，可是有一个同学也想站在第一排，大家都在犹豫的时候，可可突然说："来，你站在我这儿。"他把第一排的位置让给了这位同学，自己站到了后面，全班同学都用赞许的目光看着他，还有同学向他竖起了大拇指。可可挺着胸膛上完了这节舞蹈课。

10月18日　不需要你帮我们解决了！

可可对我说："老师，刚才我自己和小贝解决了一个问题，我们已经互相道歉了，不需要你帮我们解决了。"

10月19日　我在这所学校收获了幸福！

可可交上来了一篇作文，题目是"我收获了幸福"。

我收获了幸福

幸福是什么？它是一种感觉。幸福是什么？它是一种爱。我上的这所学校就是幸福的学校。

我过去读的学校就不是幸福的学校，比如打人了没人管。有一次，一个人偷了我的笔，老师也没管，那可是我拿10美元买的，都是我挣来的钱买来的。我忍无可忍，给老师写了信，给到老师的手里。老师说："你什么意思？"

我转学了，等我转完学，也没好到哪儿去。就这样过了3年，可是等我回到中国，一下子都变好了。

起点

有一次我生病了，老师天天问我好点没有，连校长都想来看我了；还有我犯错了，老师提醒我，然后跟其他的老师谈话、开会。可我有时会误会他们，就像如果有一个人从我身旁过去，不小心碰到了我，我都会说：“嘿，干什么！”可我现在知道了他们不是故意的，我懂得了爱和幸福！

我在这所学校收获了幸福。

可可已经很少来我办公室了，现在经常能看到他大汗淋漓地在操场上踢球，体育课上努力地跳绳，课间和大家有说有笑，我的日记似乎也不需要再写下去了。

未来的日子，他都会很好。

第二章

自由中的规则

自由的五种表现

1.儿童拥有从环境中选择吸引自己事物的自由。（行为的自由，进出教室的自由等）

2.儿童拥有他需要安静时不受干扰的自由。（独处的自由，选择空间的自由等）

3.儿童拥有自己去发现事物和问题，自己设计并想出解决问题的办法，以及自己得出并选择答案的自由。（思想的自由）

4.儿童拥有展示自己并展示自己情绪的自由。

5.儿童拥有凭借自己的意志将他的发现与人交换及分享的自由。

自由与规则的几个核心概念*

关系——自由和强制

如果没有关系的话，无所谓规则。人活在关系中。有很多关系，跟国家的关系，跟同事的关系，跟领导的关系，跟朋友的关系，跟父母的关系，跟孩子的关系，跟老公的关系，跟家庭的关系……人总是活在关系中。在所有的关系中，存在两种关系状态，一种是自由的关系，另一种是强制性的关系。

大部分的家庭争吵，原因是不准许别人跟自己不同。你老期望对方做的事情满足你的喜好。你有没有发现，你期望对方满足你期待的时候，你有焦虑感。这种焦虑感产生的时候，你的头脑就会产生一个东西，叫进攻，要求对方按你说的方式做。这时，多元化的东西就丧失掉了。

我们说，关系只有两种，一种是自由的关系，允许他做自己；另外

* 根据孙瑞雪“自由中的规则”家庭成长工作坊选摘整理。

一种是强制性的关系。这里讲的是人与人之间的关系，讲的是一个人不能强制性地让另外一个人做他不想做的事情。

自由意味着始终存在着一个人按其自己内在的决定和计划行事的可能性。

这里有一个关键词——计划。谈到计划，人们很容易想成工作的计划。这里的计划指的是从你妈妈怀你的那一刻起，你的生命里面就有一个密码，那个密码里面，有你所有的人生计划，而那个计划对于你是最合理的。

举个例子，精子跟卵子结合的瞬间，形成那个胚胎的时候，那个胚胎就有这个计划。我要问的是："你为什么没有长成那个计划预计的状态？是什么导致了这个问题，使得计划在实施中被破坏了？"

在爱和自由、规则与平等的环境中，你能看到，每个孩子都不同，他们在不断地破译他们身上的密码。

一个人，如果能够按照自己的决定和计划行事的话，这个人就是自由的。怎么样按照自己的内在计划行事呢？只有听他的心声。

此一状态（即自由的关系状态）与一个人必须屈从于另外一个人的意志（他凭借专断决定可以强制他人以某种具体方式作为或不作为）的状态形成对照。

自由、规则、平等，不是外在的，是内在的，这才是真正的高贵。看看这两种状态，一种是屈从另外一个人的意志，一种是完全按照自己内心的决定和计划来行事，截然不同。

到了西方国家，你会有一个感觉，人跟人之间都很客气，他们很在乎人与人的界限。我看到，他们文化里非常重要的东西，就是每个人都必须尊重另一个人的个人意愿，这是人类社会最核心的点。无论是谁，只要那个东西是属于你个人的，那个东西就要受到尊重，这样社会才会更加和谐。

有一个学员曾跟我说："孙老师，我刚看完这本书就决定买，今天我孩子16岁。"那一瞬间我就捕捉了他内在的高贵。他可能自己都不知道为什么会读。那种被平等地对待，那种被尊重的愿望，是生命最本质的东西。那个侵入性是你成长过程中被强制的。那不是你，那是成长过程中被强加在你身上的人格。你现在要把人格像脱衣服一样脱掉，然后让你成为你自己。这是我们要做的核心。

你必须学会保护自己。不让自己被别人入侵，你也不去入侵别人。当你做到这个状态的时候，你就会知道，生命与生命之间，是可以支持和被爱的，你的世界就会被拉大。

权 威

弗洛姆关于权威的解释有两种：

第一种叫外显权威，直接而不加掩饰的，指生理上的强制。

"坐在那里不要动，你要动，饭就不要吃了。"直截了当对从属地位的人，传达带有处罚性的指令。"你要怎么做，否则会怎么样。"我告诉你不这样做的结果是什么，这叫外显权威。我们经常会对孩子说："妈妈喊了，'1，2，3'。"意思说，数到3必须怎样怎样。

我们还有一种做法，当孩子没有那样做的时候，我们就会这么说："看吧，我刚才已经说过，结果就是这样。"有这种权威，对吗？"你看你没按我说的做，结果一定是倒霉的。如果你按我说的做，结果就不是这样了。"我们总是想要强制别人。

第二种，隐匿性的权威，即心理上的强制。具有此种权威的人往往会装作没有权威存在的样子，让你觉得似乎可以依照个人的意愿行事。

你这样说："宝贝，你是不是要这样做？"孩子说："哦。"我们隐匿性的权威有很多做法，我们有时候吸引孩子，故意把那个东西夸大："你看那个东西，你喜欢吗？"把孩子吸引过来。孩子说："喜欢。"这就把他诱骗了。

我曾看过一本书，书上有一个人这么说："我们终究能看到我们的本性，我们自我的本性。如果我们不对所做的事情纠缠不清，如果我们是真实的，不被外面的人所强制的话，我们在一种宁静中，我们就会看到我们的本性。"你知道当我们看到我们的本性的时候，我们会爱我们自己。我们真的很美。我们看到那部分的时候，我们才会真正地爱上我们自己。看到那部分的时候，你会觉得生命怎么了，你会深深地为自己拥有这种生命而感到无比的高兴和骄傲。

我看到有些人就这么活着，他们是这样的。我曾到一个地方去，遇到一个大学生。他还有一年毕业，曾休了一年的学。我问他在做什么，他说："我想学有机农业。"于是，他就在地里做，穿得也像个农民。但他那双眼睛明亮极了，他在说自己的感受。有一些人，他们完全按照自己的生命做事情，不受这个社会的鼓动，不理这个社会整天宣传什么很好吃、什么牙膏很好、不要输在起跑线上。

你要知道，你来这个地球上是干什么的。你不要被这个社会的价值驱动着去做事情。什么叫工具？你不要成为社会的工具，你要成为自己，这样才能做得有意义。

所以，我要说的是，隐匿性的权威，是要把你从你的生命轨道上，诱骗到这个社会公认的轨道上，是不是这样？

我们说，隐匿性权威的模式，就是处心积虑地通过各种手段、各种隐性的行为改变孩子，而且让孩子觉得，这是他自己决定的。人性很狡猾的，这就是隐匿性权威。

就像我们知道的，即便你数学一塌糊涂，你也认为你可以教小朋友数学，因为你会数数，也知道1+1等于几，你就认为你有权力教小朋友。你为什么会这么认为？是因为你里面有一个想法，就是你是一个权威。尽管你没有给它这么一个词，但你天然地认为，你是大人，所以你有权力教他。这个是隐匿性权威，已经渗进你的骨子里面去了。如果你的骨子里面没有这个的话，你就会对小朋友非常警觉。

权　力

权力：职责范围内的支配力量。

权力跟什么有关呢？跟职业有关。比如，你是一个公司的老板，你在公司里是拥有权力的人，同时这个权力行使的范围是工作范围内的。怎么区分呢？在工作范围内，你有权力支配员工，但是你不能羞辱员工，如果你羞辱他人，就超出了权力的范围。

举个例子，你经常看到一个饭店的领头人在训话。你怎么区分哪些话是权力，哪些是权力之外的事情，哪些是界限。权力，是职业范围内的支配权，你只是老板，你只是一个公司的饭店经理，你可以告诉员工怎么做这个工作，达到怎样的目标，什么时间做完。但是，你不能羞辱，你不能说他的想法不对，而你的想法是对的，这些都是越界。

所以要清楚地知道，什么叫职业范围内的支配权力，在职业范围内，那个支配力量、那个权力就是权威，也就是职业权威。

权力是强制性的。强制性指的就是你的职责。比如，教育的管理分两个部分，一个机构要运行，这里面有强制性的东西，但是这个强制性的东西是事务性的工作，不是人的部分。财务制度、考勤制度，这是强制性的，这都是事务性的工作，必须用权力来完成。但是在对待人的问题上，就进入了另一个范围，即界限和规则。

有不少影视作品描写权力，描写职业范围内的权力和职业范围外的其他东西，以及他们之间的关系。有一部片子叫《实习医生》，其中有一个情节是发生了一次火车事故，伤病人都被拉到医院里，结果其中一个病人的一条腿没了。大夫告诉那个女实习医生："你去把他的腿找来。"那个女实习医生就去找，结果反复找也没找到。然后，她给她的男朋友打电话，因为她男朋友也是那个医院的医生。她打电话说："你帮我找找一个病人的一条腿。如果我找不到，我的实习就没法过关。"

你猜她的男朋友怎么说？"我现在不是你的男朋友，我现在是这个医院的医生。"你明白了吗？他把职业的范围跟个人性的范围划分得很清晰。

在这个片子中，你看到医生对规则特别认真，对职业范围内的要求也特别认真，从职业范围内过渡到个人性的里面，非常清晰。你会发现，我们做不到，我们从职业中很难跨入到个人性中，就是自然人中。我们难以从一个职业权力范围内的状态跨越到一个自然人的状态。

在社会生活中，你会看到，有的人有了权力以后，人的生命状态就变了。这是为什么呢？一个人作为一个自然人时没有自信，没有愉悦感，当有了权力，穿上盔甲的时候，别人奉承自己的时候，感觉良好。当柔软下来的时候，我们感觉不到力量，所以很多人舍不得脱下盔甲。

但是当穿上盔甲的时候，就像肯·威尔伯[1]说的，我们的疆界就会很小，我们只能看到权力和职位，连生命都看不到。而我们回到自然人的状态的时候，疆界就会一下拉大。所以，我们要知道的是，我们之所以这样，是因为我们的生命状态，我们需要漫长的时间进化到更广大的这一疆域。因此，刚开始的时候，我们需要规则，需要规则的保障，让我们腾出时间和空间来面对自己，这是最核心的。

权力是职责范围内的，它跟职责范围是在一条线上。只要跨过那个职责范围内的界限，权力就变了。变成了什么？变成了强制和入侵。这个权力是做什么用的呢？保障工作有序运行用的。如果过度地使用了它，就变成了入侵。

母亲的权力和界限

前面我们谈到权力，权力跟责任有关，权力是职业、职责范围内的支配权。职业权力本身是一个正向的、力量性的东西，但是权力非常容易变质。在现实生活当中我们会看到，很多的权力变成了权威。从权力变成权威就已经变质了。所以，要清楚地知道，你职业权力的范围在哪里。你不能跨越这个范围，只要跨一丁点就变成了强制。权力是为人服务的。

接下来，我们谈母亲的权力属性。

作为一位母亲，我们有着天然的自然属性，但也是需要学习的。同时，我们说，作为母亲，有着母亲的职业属性。

---

[1] 肯·威尔伯，美国超个人主义心理学家、哲学家。著有《没有疆界》《恩宠与勇气》等。

在电影中，经常会看到这样的问话：“你的监护人是谁？”这个监护人指的就是母亲的职业属性、父亲的职业属性。

这个职业属性指的是什么呢？你的责任和权力。你要保证你孩子的成长权利，保证他不受伤害的权利，保证他有安全感的权利，保证他安全的权利，保证他接受教育的权利。这个是母亲的职业属性。

当你行使母亲这个职业属性的时候，孩子出现某些行为时，你会确定地告诉孩子：“不可以，你必须停下来。”同时，这个职业性的范围一行使完，你会告诉孩子“妈妈爱你”；或者告诉孩子，这个事情因为什么不可以这样做。 权力的范围是保证你的孩子不伤害自己，不去侵犯别人。

当你从事母亲这个职业的时候，你对孩子当下的行为是强制的。强制性的内容就是，不伤害自己，不可以伤害他人，不可以伤害环境。让孩子学会不去侵犯别人，同时也清楚地知道，别人也不可以侵犯他，这样这个孩子才觉得完整。

所以，看到这个职业性了吗？在这个职业性之外，是自然的母亲，你不能再行使你的权力了。

作为一个母亲，你需要学会行使你的权力，并且要把握界限范围。你是否发现，你小的时候，你妈妈就在你身上将权力无限地扩大，她的权力无处不在。就像一位妈妈写的文章：“早上，我已经起床带孩子了。我婆婆冲进我的卧室，把窗帘全部打开，然后到床边对我的先生说，不要睡懒觉了，赶快起来。这就是我们家的模式。”

看到婆婆这一刻行为的侵入性了吗？你能想象吗？你是不是觉得你进到他的房间应该先敲门，应该轻轻地；你是不是觉得要考虑进到他的卧室合不合适，你需要跟他谈话可以在客厅。

婆婆这一刻心理的状态就到了完全无边界的状态，可以说是全面无限度地扩大的模式，把作为母亲的权力无限地扩大。要知道，一个人把权力无限扩大的时候，就没有了内在的警觉。

因此，我们行使权力，同时把握权力的范围。当你在范围内行使权力的时候，你是在保护孩子的成长。比如，孩子打针的时候，我们告诉孩子，没有妈妈的允许，任何人都不可以给你打针。你的孩子一下就会安宁下来。所以，权力能给人什么？安宁感。有时候，我们会听到妈妈说“别乱跑，再跑警察就把你抓走了”。这对孩子意味着什么？意味着妈妈是没有权力保护的，意味着他人是可以随便来拉我走的。这样的话说不得。

我们做一个演示：请一位学员站在最中间，代表孩子。拉一个圈，最里面的这一圈是爱，这是包裹孩子的；过来再拉一个圈，是自由，也是包裹孩子的；同时，要把爱和自由保护住的话，还需要两层，第一层是权力，第二层是规则。

儿童应该拥有怎样的自由

选自《爱和自由》

什么是真正的自由

儿童先天就具备好了精神发展的模式，它就是储存在我们生命里的密码，但这个密码不是每个人都能把它破译完全。这些密码能破译多少，依靠爱和自由。爱和自由并不是我们的终极目标，而是我们破译这个密码所需要的条件。这个条件才能保证儿童把这个密码破译出来。

每个人都是独一无二的。真正的自由就是把破解内在密码的权力和自由给你，让你破译你自己。你真的不知道人的天分有多高！你有没有想过有的人为什么会那么伟大、那么杰出？这取决于你自己童年所做的工作。这就是人的天赋。

什么是自由？蒙特梭利说："自由是一种借由教育的帮助，而使潜在的导引力量得以发展的结果。"用一句简单的话来说，就是我们把那个精神胚胎破译了。这就是我们所要获得自由的全部内涵。

起点

儿童的成长，应该拥有怎样的自由

第一，儿童拥有从环境中选择吸引自己的事物的自由。对什么有兴趣，他可以自由地选择。

第二，表现在行动上的自由，进出教室的自由。怎么判断一所幼儿园是否自由？儿童依据自己的愿望可以在教室里工作，也可以在教室外工作；儿童打破了我们以往认为的必须进了教室才叫工作，出了教室就不叫工作的做法。蒙特梭利说，有屋顶的是教室，没有屋顶的也是教室。这完全取决于儿童自己对自己的把握，不取决于老师。所以蒙特梭利才说，头6年儿童生命的经历是一个自我创造的过程。自我创造的过程，需要自由。

第三，儿童拥有安静时不受干扰的自由。

儿童拥有独处的自由，选择空间的自由。以往在我们的经验中，我们认为，儿童时时刻刻都要有人盯着，他们不能有自己的空间，因为那样危险。但实际上，我们说，到了一定年龄的儿童，独处的时候，正好是自我创造的一个过程，所以儿童独处是他生命中最重要的一个特定的时间。

第四，儿童拥有自己发现问题，想出办法与计策，并且自己选择答案的自由。

这句话的含义是什么呢？我们以往的教学模式和经验，或者说在我们成长的经验中，总有老师把过程告诉我们，把现成的答案告诉我们，这个过程就是被灌输的过程。我们没有发现的喜悦，没有探索的快乐，没有获得答案的成就感。儿童应该拥有这样的权力："我这个时候不知道，但是我迟早会知道的。"例如，我的鞋穿反了，总有一天我惊喜地发现，秘密原来在这里。发现的时候，就会有成长的喜悦感。如果你告诉他："鞋又穿反了。"你永远都在跟他说他不行，他是笨的，小朋友都是笨的，只有大人是聪明的。

把发现的权力和惊喜，还给儿童，因为他必然能发现！他的发现是必然的，并不是偶然的，这只是一个过程。所以，让孩子自己发现，自己想办法，自己解决。

第五，儿童拥有凭自己的意志将他的发现与人交换及分享的自由。

生命中最高的、最后的一个自由是这个自由。有没有发现，我们痛苦也好，幸福也罢，都有一个愿望，就是与他人分享。最典型的就是我们谈恋爱的时候，如果真正爱上一个人，你一定要跟别人分享。而当我们痛苦的时候，我们也会找一个人分享。分享很重要。

是跟别人分享，不是宣泄、抱怨。我们需要在成长中练习分享，这样我们才不会去宣泄。

有一个孩子拿着巧克力，谁也不让吃，但不断地在跟别的小朋友说："这是我爸爸给我买的。"目的是什么呢？目的就是后面的一句潜台词，你们看一看，我的爸爸对我的爱。这是在展示爱。

等到我们长大了，不再这样分享的时候，我们就会发现我们变得越来越孤独，对人越来越冷漠，跟别人的距离越来越远，对人的信任也就越来越少。但实际上，我们每个人都需要连接，有了连接，我们才不会孤独。我们跟人一体化，才能达到最高的状态。如果我们只是通过性爱来一体化的话，那是一个最原始的办法。但是，我们完全可以通过分享来达到心理和心灵的连接，再达到一体化，这样我们人与人之间的关系才会舒服，才会愉悦。

教育的过程也是这样，需要给孩子空间，让他去分享。所以，经常看到小朋友手上拿着好吃的、玩具，或者他爸爸给他买的手表，不断地看；“老师你看，我爸爸给我买的手表。”像这样没完没了地说，而且他要从早到晚地给你看时间……

这就是给儿童提供的自由状态。一个自由运作的理想环境，每个孩子都是有效的、理性的，而又自动自发地行动，并且不会做出粗暴、野蛮的行为。儿童之间是疏离和分离的，不扎堆，大部分是一个孩子、两个孩子在一起，整个环境都是这样的景象。这就是我们说的自由。

孙瑞雪教育机构家庭规则和校园规则

六大家庭规则

三“尊”：

1.尊重自己；

2.尊重他人；

3.尊重环境。

三“不”：

1.不伤害健康；

2.不伤害生命；

3.不伤害道德。

七大校园规则

1.粗野、粗俗的行为不可以。范围包括行为领域和心理领域，任何侵犯个人“自我感”（包括伤害自己）的行为都是暴力行为。

2.别人的东西不可以拿。同时，自己的东西归自己所有，并有权利自由支配。不是自己的，就都是别人的。

3.请归位。从哪里拿的东西，使用完毕后，请归位到哪里。

4.请等待。公共物品谁先拿到谁先使用，后来者请等待。

5.不可以打扰别人。紧急情况下，一定要打扰时，请学会说：“对不起，打搅一下，可以吗？”

6.请学会道歉。有勇气向别人道歉，并且有权利要求他人道歉。学会知道每个人都拥有保护自己的权利。

7.请学会说“不”。请学会对他人说“不”（懂得拒绝），也请学会尊重和接纳他人说“不”（尊重他人的拒绝）。

我们都有非常复杂和不可控的情况、时候和因素。我们的环境也是这样。有时候，孩子发脾气，成人会很恼火，我们的脾气就对着孩子发出来了。或者我们有时候过分地掌控孩子，我们勒令孩子做什么，让孩子听话，使孩子产生情绪。再加上有时成人本身先有情绪……那么，规则是什么呢？规则是要把外在的和内在的这种破坏环境的东西都挡住，让孩子顺着自然的法则，捕捉他生命内在的敏感性，让孩子得到健康的发展和成长。

如果有可以遵循的规则，复杂和多变的生活就可以被简单化。如果不懂得、不知道这些规则，就会觉得养育孩子很艰难，有些父母就把孩子完全交给同样不懂规则的老人和保姆。

规则让我们不急于处理问题，而学会观察，不仅观察自己的孩子，也观察身边的孩子，因为你自己观察到的，又是很多孩子普遍发生的，会让我们确信儿童发生了什么。规则会帮助我们提醒自己。规则让我们警醒和反思。这七条规则终生受用。

规则让我们从过去“集权”的家庭、幼儿园的模式中走了出来，孩子会大大节约集权中关系的成本，人生的成本、成长的成本都大大降低，儿童把自己的生命和精力都放在了生命成长上。

规则对于儿童的意义

规则保证了儿童的自由；

保证了儿童的尊严；

建立了儿童的内在秩序；

为儿童建构了安全感；

保护了儿童成长的空间；

排除了暴力和权力；

使儿童了解自己的内在和外在世界，使儿童清明；

保障儿童成为自己的主人，不受支配，有尊严感，

有成为完整的人的倾向。

规则，让孩子做人格上有尊严的人

文 · 孙瑞雪

“这是我的！”

是的，这是你的，你是它的主人，你可以自由支配它。它归属于你。

“请不要动我的身体，我是我身体的主人，请尊重我！”

是的，你的身体是你的，你可以拒绝任何人随意地触摸你。你的身体是有尊严感的。

“我是我自己的！”

是的，你是你自己的，你可以决定此刻你要做的，你想做的。你拥有你，并为自己负责任。

“你不可以控制和伤害我。”

是的，你可以坚定地对别人说“不”，以此保护自己免受伤害。你是独立自主的。

起点

“我可以和你一起分享吗？我可以玩一会儿吗？”

是的，你必须学会尊重别人，犹如获得尊重。不然，你就会失去你爱的伙伴。

你需要在玩耍中尝试建立和谐的关系。

“我邀请你一起玩，和你共享我的玩具。”

是的，你可以积极面对你所在的环境和伙伴，以此学会在关系中相处。

“请归位！”

是的，你要尊重你生活的环境，并学习照顾你生活的环境，以此发现和觉察情景。

“这是我的想法，这对我很重要。请尊重我。”

“这是你的想法，对你很重要。我尊重你。”

是的，彼此尊重，在多元意识中尊重和包容彼此。

“请你向我道歉！”

是的，有勇气要求别人道歉。错了，也有勇气向别人道歉。让关系在那一刻完形。

“你这是威胁我，我可以自己和自己玩的。”

是的，我可以自己陪伴自己，独处而独立，不受控于任何人。

生命以这样有序的外在规则发展出内在秩序和结构，人从此从混沌中走出，进入清明之中。因此，人生活的环境本身需要有规则，规则使人的关系秩序化，使环境秩序化，并与生命内在配对。

有了规则，儿童的身体是有尊严的，心理是安全的，感觉是敏锐和精微的，环境是平等和文明的。生命是活在尊重和自由中的。遵守规则的生活会节约孩子的成长成本，使孩子有时间和空间创造一个完整的自己，终将会使孩子成长为一个在心理、精神、体态上有尊严的成人。

强权之下无秩序。强权之下只有强制下的纪律和奴役出的人格。规则不仅保护了儿童，由于儿童也在使用规则，儿童的力量感、界限感、尊重感在实施规则时逐渐强大、自律，使他免受侵害，这又是规则最根本、最高的意义。规则像一只高举着真理权杖的手，把专制、强势、暴力清除出儿童的成长之路。

所以规则的真实目的是：

1．建构一个对内在世界和对外在世界都清清楚楚、明明白白的人；

2．这个秩序的人也建立了与外部世界的以及和人的和谐的生存关系；

3．建立真正的界限，发展出强大的自我意识；

4．建立平等自尊的生存环境，驱除权威和暴力。

婴儿出生后，是借助环境成长的。因此，外显的是他没法选择的，必须和环境形成一种关系，这是他生活的核心内容。他以此为基础再发展他面对物质世界的智慧。在内在，他也同时发生着一种关系，他必须和自己建立一种和谐的关系，这是他生命的核心，也是他未来如何与自己相处，以及与其他人、其他生命相处的关系奥秘。这样，他就形成了一套自我的系统，世界和自己都变得有序和相对和谐了。

如果规则没有了，一切关系的权力就被拱手交给了他人，一切弊端都将产生。

在关系中，人有一种尚未进化好的掌控他人和奴役他人的本能。没有保护，人性恶的一面会在弱小者面前升级。

一句话，规则保护了儿童免于遭受权威和关系中的奴役状态，使人成为真正意义上自由的人。

“不要，我不想”

文·余芷君

一天上午，手工区。

此刻的教室很安静，只有三个孩子留在手工区做着手工，互不打扰。不知道是谁在这时引发出一个话题，使这平静、安宁的环境有了一点喧哗。我上前去观察了解，原来是孩子们正在讨论如何把头饰做得更漂亮。

小C是一个特别文静、内敛的孩子，这时她正在给她的头饰粘贴上一条绿色的彩条。

“你贴红色的吧，我们都贴红色的。”在旁一直观察小C工作的天天突然向小C说。

“不要，我不想。”小C平静地说。

天天被小C拒绝后，转身向旁边的嘟嘟说：“那我们不要跟小C玩了。”

“好的。”嘟嘟附和着。

小C听到后，把头抬起来望着她们。看到发生这种状况，我本能地向前打算为她们解决问题，但在这时，小C站了起来，用一种坚定的语气说

道："天天，这是我的想法，我不愿意你控制我，请你尊重我的选择，请你向我道歉！"显然，天天被小C这具有力量的语言弄得有点不知所措。天天很清楚自己刚才的行为是在控制，同时也有点尴尬，所以低下头小声地说："对不起。"

这时，小C的目光转向嘟嘟："嘟嘟，请你也向我道歉。"嘟嘟的神情有点被吓到，我感觉她没有想到刚才她附和天天的那句话也让小C受到伤害了，连忙说："对不起。"

得到对方的道歉后，小C笑了笑，满足地坐下来继续自己的工作。事后我也向小C表达我被她刚才独自面对两个孩子时的勇气和力量震撼到了。在小C这小小的身体里，我看到了无穷的力量，这是一种自信、确定、独立的力量，也让我感觉到孩子们在爱、自由、规则的环境里，被滋养着、被爱护着、被尊重着，他们必定会快乐、自信、勇敢和充满爱意。

“我可以摸摸你吗”

文·石亚超

六六是最近新入园的小朋友。一天中午吃午餐时，他坐在了Yoyo旁边的位置上。吃饭的过程中，六六突然拍了一下Yoyo的胳膊，Yoyo被吓了一跳，便拉着我的手，并指着六六。

我问：“请问发生了什么事情？”

Yoyo说：“刚才六六拍了我一下。”

我问六六：“是这样吗？”

六六回应：“嗯。”

我问Yoyo：“你同意他拍你吗？”

Yoyo摇摇头。

我说：“那你可以告诉六六，我不同意，经过我的同意你才能触摸我的身体。”

六六是新来的小朋友，对规则还不是特别清楚，我告诉Yoyo可以用语言告诉六六，帮助六六慢慢熟悉幼儿园的规则。

Yoyo说：“嗯。六六，我不同意，请经过我的同意再触摸我的身体。”

六六说：“我可以摸，可以。”说的同时又要拍Yoyo的胳膊。

我及时拉住了六六的手，问："你是不是特别喜欢Yoyo，所以才摸她？"

六六说："是，我喜欢Yoyo。"

我说："噢，是这样。那你可以告诉Yoyo'我很喜欢你，我可以摸摸你的胳膊吗'。"

六六说："我不说，我害羞。"

我鼓励六六："噢，说这些话六六有些害羞，那你愿意跟着老师一起说吗？我说一句，你说一句？"六六点点头。

我说："Yoyo，我很喜欢你，我可以摸摸你吗？"

六六跟着我说："Yoyo，我很喜欢你，我可以摸摸你吗？"

Yoyo对六六说："可以。"

六六看着Yoyo，呆呆地坐在那儿。

我告诉六六："Yoyo同意你摸她了，你可以轻轻地摸摸她。"

六六轻轻地摸了一下Yoyo的胳膊，摸完后自己笑着说："Yoyo姐姐同意我摸她了，哈哈……"说完大笑起来。

我对六六说："是的，六六，就是这样，祝贺你，很欣赏你尝试用语言表达，经过别人的同意再触碰别人的身体。"

我也对Yoyo说："也很欣赏你用语言告诉六六，帮助他清晰幼儿园的规则。"之后两人相视一笑，继续吃饭。

就在桃子要归位的时候，六六主动对桃子说："桃子，我可以摸摸你吗？"

桃子说："可以，等我归位完餐具好吗？"

六六："好。"

桃子归位完后，把胳膊伸到六六面前，说："摸吧。"

六六摸了一下，又说了一句："谢谢啊！"

桃子开心地走了。

桃子走后，六六又大笑了起来对我说："桃子也同意我摸她，对吧？"

我肯定地说："是的！老师观察到你刚才主动征求别人的同意之后，才触摸别人的身体。很欣赏你，尝试不断练习用语言表达。"

六六："石老师，我可以摸摸你吗？"

我说"可以啊！我好爱你，我可以抱抱你吗？"

六六："可以，可以。"

我拥抱了六六。

六六："我好开心，我吃完了，我要归位。"

六六从刚开始的害羞，不愿意去表达，到主动去尝试表达，再到表达后表现出的喜悦，这个过程让我惊喜又感动。我们需要耐心地帮助孩子熟悉规则，建构规则，内化规则，使他的内在更清明，更清晰与他人的界限。

没有规则就是暴力

文·孙瑞雪

走到走廊的尽头，突然听到一阵撕心裂肺的哭声，我迅速转过身去，发现是一个4岁的男孩正撕扯着一个同龄女孩的头发。小女孩一声不吭地用两手护着自己的头，男孩愤怒地撕扯着她的头发。我和刘老师用了很大的劲才把他的手掰开。刘老师去照顾那个男孩了，我坐在小女孩的身边，问小女孩发生了什么事。小女孩看着我，屁股一点点地挪离开我说："我要出去荡秋千，我不邀请他，他就愤怒了。"我很疑惑，却只对她说："好的，我知道了。" 因为我一会儿要听听小男孩说什么。我心里这么想的时候，小女孩身体的姿态是躲着我的，但是却很坚定地对我说："我有权利不邀请他。"

她的语气让我非常感动，我知道她里面是清明的，我说："是的，你有权利不邀请他。"这会儿，愤怒的小男孩回来了，声嘶力竭的哭声变成了抽泣，我问他："请告诉我发生了什么事。"他边哭边说："她去荡秋千，不邀请我。"我说："她不邀请你，你感到不被接纳了，是吗？"他生气地说："不是的。"我立刻又说："哦，她不邀请你，你承受不了被拒绝，是吗？"小男孩又非常生气地说："不是的。" 刘老师说："她不邀请你，你很愤怒，是吗？"小男孩一下长出了一口气，安静了下来。

我伸出手问刘老师："刘老师，把你手里的本子送给我，好吗？"刘老师会意地看着我，非常认真而缓慢地说："我不同意。我不愿意给你。"我看着刘老师，也非常缓慢地对她说："我尊重你对我说'不'。我接受你的拒绝。"

小男孩突然大喊起来："走开，你们俩都给我走开。"他站起身，自己走开了。

我们注视着他的背影，走出十步的时候，他的后背已经极度地放松、自然。我们俩相视而笑，知道他已经接纳了，尊重别人对自己说"不"。

小女孩看着这个过程，不等我们说什么也走了。

从这个故事中可以看到，我们的本性中是有一种强制他人满足自己需求的驱动力的。这种动力在我们每个人的生命里面就是我们内在的"黑天鹅"的力量[1]，在强制别人时就变成了一种"暴力"。这正好是人性的一部分。而且，人类在几千年的进化途中一直在为生存而努力奋斗，身上有着或多或少的战斗性和动物性。实际上，这种战斗性在儿童身上显现得已经不很明显了，在成人身上却尤为明显。就像你有情绪要宣泄在孩子身上，很多时候，你是要一吐为快的；很多时候，你完全像一辆不刹闸的车，情绪的暴力像洪水一样一泻千里；很多时候，你的语言更有杀伤力，怎样解恨你就怎样说。这种暴力在大多数时候你是没有

[1] 我们内在有"白天鹅"的品质，也有一些"黑天鹅"的部分（对应《天鹅湖》里的白天鹅和黑天鹅）。儿童内在也没有完全进化到使他全然地走向自然法则的目标。我们都有动物的小尾巴，那是我们生命内在的纷争。

觉知的，你是管理不住自己的。但在童年，规则可以把这样的意识挡在规则之外。

我们的童话故事常常在讲述我们内在的这种天使和魔鬼的斗争，我们就在这两种纠葛中向完全相反的方向走。建立规则就是把这样的暴力挡在外面，打开另外的出路，让人们学会权力的界限，学会彼此尊重、包容，看到这个世界实际是多元的。

在这个例子中，规则让孩子学会了尊重别人说“不”，学会了接纳拒绝，这些都是我们成人没有学到的。所以我们长大了，很难对别人说“不”。我们需要知道，阻止一个孩子说“不”的能力，将使孩子的一生残缺不全。“不”这个字，帮助孩子和他们不喜欢的事物分开，给予他们选择的力量，并保护他们。

我在玩具房里遇到一个小男孩，他正委屈地哭着。我蹲下身问他：“你怎么了？”他说：“他就说是假的！他就说是假的！”边说边哭，

似乎准备冲出去打那个已经走开的孩子。老师忙解释，他对一个小朋友说："能把奥特曼唤来的神光棒是真的。"另一个小朋友说："是假的，那是电影。"小男孩说："就是真的。"那个小孩说："假的。""真的。""假的。"……然后这种冲突就使他打对方，强迫别人认可自己的想法。

我想了想，对老师说："我们俩就扮演这两个孩子。"孩子就站在旁边看着我们。

我说："这个神光棒是真的。"

老师说："是假的。"

我说："是真的。"

老师把声音放大："假的。"

我说："是真的。"

老师的情绪在层层升级："假的，假的。"

我把手放在老师的胸前，轻轻地拍了一下，放慢了语速清晰地说："你认为是假的。"我又轻轻地把手收回来，放在我自己的胸前，说："我认为是真的。"

我又把手轻轻地伸过去，放在她的胸前，说："你可以认为是假的，"我再指指自己，"但我认为是真的。"

我又说："你认为是假的，对你非常重要。"我拍着自己说：" 我认为是真的，这对我非常重要。"

我又说："我尊重你的认为，你也要尊重我的认为，你同意吗？"

老师说："我同意。"

我们对视了一下，然后安静地站在那里等待。两个孩子微张着嘴巴，呆立着，好像一个不曾有过的大门被打开了——原来可以这样。他们进入到了这个新的世界里，内化着，持续着……好一会儿，我暗示了一下，来到孩子的身后，做了一个手势给老师，打算转身离去。老师也忙来到孩子的身后，悄声对我说："还打了人家，怎么办？"我说："好吧。"我们等待着让他把这个新的思维方式消化掉，等他回过神的时候，我们又重新演示了这一过程。

我说："这个神光棒是真的。"

老师说："是假的。"

我说："是真的。"

老师把声音放大："假的。"

我说："是真的。"

老师的情绪在层层升级："假的，假的。"

我说："气死我了，我让你说假的！"说着就要动手打人。

老师说："打人是粗野的。"

我连忙把手缩回来，说："对不起，你有你的想法，我有我的想法，我同意你的想法，但是我更喜欢自己的想法。"

老师也笑着说："对不起，我也不应该强迫你，我尊重你的想法。"

说完这些话，我们俩突然感到极度的愉悦，然后不由自主地把手握到一起，大笑起来。这种多元意识的建立，就是通过规则建立的，内在的世界就扩大了，内在空间的容量加大了。

这个时候，我们已经不觉得是在给孩子看了，接纳、包容和多元意识，同样带给成人喜悦的感受。在这之后，我们看到孩子眼神深邃而神往，释然而愉快，仿佛我们一起进入到了另一个新的意识世界中。

我们并不期待在一夜之间一切都变过来，我们期待在生活中规则可以建立更多元化的东西，在生活的细节中，不知不觉地改变：在孩子们的生活中，在我们的生活中，在我们和孩子们共同的生活中。改变就在这种生活的细节中逐渐形成，点点滴滴，日积月累，生命就向美好的方向发展着。

如果儿童生活在这样的规则中，当他逐渐长大的时候，在他的意识形态中就建立起了以下意识状态：自主意识，独立意识，契约意识，平等意识，合作意识，规则意识，责任意识，评估意识，接纳意识，界限意识，包容意识，聆听意识，多元意识，权利意识，妥协意识，秩序意识。

我们的目的不是为了如何限制孩子，我们只是限制了暴力，但是限制暴力的模式，不是就此卡住，而是打开了无数扇通往自主、独立、接纳、尊重、包容、合作、界限的大门。这样就会疏导暴力的情绪延伸到一个更加积极的、有爱的、支持的途径中，这才是规则的意义所在。

所以，根本上来说，规则保证了文明，保证了非暴力，保证了新的文化，保证了和谐，保证了友善。没有规则，我们就会陷入纠葛之中，弱肉强食之中，这对夫妻生活、家庭生活、团队生活，乃至一个国家都是同样的道理。

所以，没有规则就是暴力。

建立规则，减少对孩子的伤害

文·安长喜

在一家普通医院的儿科，我带着2岁半的儿子去看病。和任何一家医院的场面类似，孩子们由爸爸妈妈、爷爷奶奶陪着，也和任何一个儿科里见到的情景类似，孩子们正在承受着比病痛更可怕的恐惧。在一个孩子输液的两小时里，他的父亲又是斥骂又是扇耳光，为的是让他乖乖地坚持把液输完；另一个孩子将手放在桌面上，等待着护士把针头扎进血管里，在妈妈的强制下，她选择了服从，一动也不敢动，哪怕扎针时神经的正常反应，也一并压制了下去；还有一个孩子，在外婆和妈妈的威胁下欲哭又止，尽管他此刻的哭泣是在正常地排解自己的恐惧。

一片混乱。你会看到，一到打针输液的时候，父母们便不假思索地把孩子置于对立面，通过各种暴力的方式，以致压抑了孩子最基本的正常反应。

置身混乱的场面，我觉察到我自己也有些焦虑与不安，接着觉察到对疾病的恐惧，觉察到我们遇到问题就想立刻寻找方法摆脱问题，而从来不了解和面对问题本身，突然有一种释然和喜悦：孩子病了要输液，孩子输液时有痛的反应，尊重孩子生病，尊重孩子输液，尊重孩子的反应。这个启示一下把我从这个混沌无序的瞬间带离出来，内在充满了从容和宁静，我完全地臣服于这种自由所带来的秩序，等待着。

我儿子一进医院就哭了起来，三天扎针的经历，让他在梦里也念叨着不打针，不断地说着“害怕，害怕”。排队等待输液的一小时，对他来说真是一场煎熬。我告诉他：“爸爸知道你非常害怕，爸爸会陪着你，我和你在一起。”他把头靠在我的胸口，蹭来蹭去，以此缓解他的情绪，不一会儿，他睡着了。

一小时后，轮到儿子输液了，他专注地看着护士把针扎进脚背上的血管里，连手上的棒棒糖掉了都不知道，出奇地安静。针进入皮肤的一瞬间，他抖动了一下，顺利地开始输液。

这让我想起学校打预防针时的情景，孩子们不会转过头让大夫扎针，而是要亲眼看着大夫怎么把针扎进去。打针肯定会疼，这个基本的生理反应是所有人都有的，无论大人还是孩子。但是，没有了打针之外的恐吓和威胁以及抗拒的环境，有的是面对事件时来自父母的爱和支持，孩子就不会偏离事件本身，不会因此形成内在的障碍。事实就是这样，一旦孩子处在爱的环境中，就能客观地观察事件。

我们为什么需要规则？规则绝不单是给孩子制定的。规则是全体人共同遵守的具体规定。规则阻止成人的强权和暴力。规则意味着我们成人来觉察我们的举止态度和行为模式。你是否觉察到，打针本是为了帮助孩子解决健康问题，但基于自己内在的恐惧，却强制和训练孩子服从，将孩子置于恐惧和混乱中。如果你毫无觉察，此刻就已经失去了自由，远离了爱。一旦没有了规则，伤害就产生了。打针过程中成人用各种做法压制孩子正常的反应，这是一种伤害，导致孩子对这件事情本身产生恐惧。

当成人有规则、有爱时，打针过程对孩子的伤害就会大大地减少，疼是身体本身的一种反应。在这个过程中，孩子感受到的是：我生病了，我需要打针，打针那一瞬间我有疼痛的反应。

因此，对孩子来说，规则意味着减少伤害。

规则给人的力量

文·安长喜

我在儿科给孩子排队挂号。当前面还有两个人时，一位妈妈从后面走来直接挤到了队伍的最前面。我拍了拍她说："你忘记了什么？"

"我在挂号。"

"我们都在挂号，你忘记了排队。"

"我的孩子病了。"

"你这是在博取同情，在这里的人都是给孩子挂号的。你晚两个人并不会影响孩子的健康，但是你插队会影响孩子的心理健康，请你尊重环境，尊重规则，尊重你的孩子。"

她愣住了，问我是做什么的。我说："我是做什么的根本不重要，我也是一个父亲，在为孩子排队挂号。我可以让你，但是我让你是对你的不尊重，从根本上没有帮助你，你自己来选择。"片刻，她站到了队伍后面。

我并不想引起争吵，但我必须告诉她规则是什么。当规则和你融为一体时，规则的力量就显现出来了。

学校曾经发生过一件事，有父母隔墙把孩子从外面放进学校来，让孩子在院子里玩。当他们再次这么做时，我赶到了现场。我告诉他们，你用这样的方式，实际上正在给你的孩子建构一个品质：别人的家门是可以随便进的，别人的东西是可以随便拿的。那对父母非常尴尬，无言以对，我让他们从正门进来接孩子，用正确的方式告诉孩子正确的方法。从此以后，这样的情况没有再发生。

这就是规则，一旦成人破坏了规则，让孩子形成了经验，他就会自然而然地按照经验去做，随意插队，随意进别人的家门，随意拿别人的东西。我并不是为了解决问题而和父母讲规则，而是我清楚地知道，这样的行为对孩子意味着什么，对做事的成人意味着什么，所以执行规则时非常坦荡。这样规则才能回归它本来的位置，才能客观公正。

你对规则的理解是什么样的，孩子吸收的就是什么。你对规则的理解停留在执行规则，这时规则只是一种工具，而工具和生命永远是分离的状态。规则不融入你的生命，那么它也不会融入孩子的生活。直到你和规则精神融为一体时，你才能真正感染和帮助别人。

规则不是工具，是关于教育的长远目标，是生命的目标。我们必须把目光投向那个方向，然后实实在在地按照规则去生活。

成人一定要有这样的认识。一旦你有了意识，即使不说出来，正向的能量也会影响孩子。只有你把规则和自己的生活联系在一起，而不是企图用规则帮别人解决问题，你才有机会了解规则精神是什么。

当人和规则精神融为一体的时候，呈现一种爱的能量，这种能量孩子是可以感受到的，并且孩子可以从这样的事件中脱离出来，认识事件，从而成长。

请等待

文·王秀芳

二月的气候因为春天的悄然来临，开始变暖，阳光透过玻璃窗洒在教室的一角……

主题活动结束后，八角桌上已经坐满了孩子，每个孩子都安静、专注地投入到自己的工作中。10点钟，快5岁的神九结束了折飞机的工作，满足地整理着自己的桌面。他一抬头，被正在画板处画画的Luca吸引了注意力。神九兴奋地绕过八角桌，来到Luca身边，显然他对画画的工作产生了兴趣。看到Luca没遵守使用画板的规则，神九便催促Luca，请Luca归位。

老师看到后阻止神九：“神九，Luca的工作还没有结束，请你等待。”

神九便坐在老师的身边，一边等待一边将小小的脑袋探向画板。我发现他有一点焦虑，同时我也看到了他在等待。

大约5分钟后，神九看到Luca依然把玩着画板上的磁力贴，轻声在老师耳边说：“老师，再提醒一下，Luca就要归位了，是不是？”

老师说："是的，老师看到你现在很想用画板工作，但请耐心等待。"神九安静地坐在离Luca不远的位置，一边焦虑着，一边等待着，5分钟……10分钟……

大约20分钟后，Luca离开了，神九快速地冲了过去，愉悦、满足地开始了自己的工作。

在"爱和自由，规则与平等"的环境中，孩子们遵守规则，并将这一规则反复体验之后内化到自己的生命里，遵循这一规则去安宁地生活，与环境中的人和谐相处。"请等待"是多么可贵的人生品质啊。

请归位

文·田芳

上完主题课，孩子们陆续开始选择工作。有的选择阅读，有的选择拼插乐高，有的选择捣饼干……糖糖和桃子选择在八角桌涂色。

过了一会儿，孩子们陆陆续续下楼去玩，她们两个依旧在专注地工作着。10分钟后，阅读区有一个大孩子在给两个小朋友讲《肚子里有个火车站》这本书。桃子听到后，拿着手里的作品走过去蹲下身听起来。这时坐在八角桌旁工作的糖糖说："她没有归位椅凳和工作。"

我朝糖糖微笑着点头示意我知道了，并起身走向桃子轻声提醒："你忘了归位椅凳和工作。"

桃子看了看我，匆匆过去归位了椅凳和桌子上她不要的作品与垃圾就离开了。

这时她旁边工作的糖糖说："你的垃圾没有清理完，地上还有。"

桃子说："那不是我的。"

糖糖说："就是你的，这里是我的，还有你选择的水彩笔和剪刀也没有归位，请你归位。"

说完糖糖将自己脚底下的垃圾捡起来放在自己的托盘中。

桃子听到糖糖这么说，将自己的剪刀和水彩笔归位，把地上不要的作品和垃圾捡起来扔到垃圾桶后离开了。

又过了20分钟，糖糖将自己工作选择的工具和作品以及不要的垃圾依次归位，清理整洁后愉悦地离开了。

规则一旦被孩子内化，生命就发展出内在秩序和结构。孩子逐渐从混沌中走出，建立起清明和有序的生命品质，从而学会尊重和照顾我们生活的环境，也发展出身体的尊严感、心理的安全感，以及感觉上的精微和细致。

请不要打扰别人

文 · 樊蕊

故事结束了，小朋友们相继收起了玩具和书籍。卧室里一片静寂。20分钟后，大多数孩子酣然入睡。齐齐坐在床上，抻着脑袋，毫无睡意。我躺下陪伴果果入睡，一会儿，时有时无地传来窸窸窣窣的声音。我起身寻找声音的来源，原来是齐齐在钻床底。我轻缓地走到他的身边，蹲下身来，轻声呼唤他，请他从床底下出来，询问道：“你现在还不想睡觉？”

“我睡不着，怎么也睡不着。”他也轻声回应我。

“哦，睡不着实在太无聊了，是吗？”

“嗯，太无聊了。”齐齐眼神笃定地看着我。

“就是的，当我睡不着的时候，也很无聊，还有些烦躁。”被理解的齐齐身体放松下来，柔软了很多。“齐齐，你看现在很多小朋友都睡着了，如果你钻到床底下或者下床活动，就会打扰到别人，那么很多小朋友就会醒来。所以，请你配合安静下来，好吗？”

齐齐小声回应道：“那我睡不着怎么办？”

“嗯……老师帮你想个办法好不好？”齐齐连忙点点头，表示同意。

“我帮你找本书，你在床上安静地看书，你同意吗？”

齐齐回应道：“好的。”

我从书架处选了一本《疯狂动物城》递给齐齐。齐齐笑逐颜开，小声对我说：“正好是我喜欢的那本书。”

随后的一小时里，齐齐安静地翻阅着书籍，即使看完了，也依旧安静地躺在床上，配合着静谧的环境，不发出声响。

很多时候，我们总是陷入一个黑洞里，面对规则，我们似乎铁面无私。当我们再三提醒，使用类似于“你需要——”“请你——”这样的词语开头，语气中夹杂着情绪和对抗。这时，我们与孩子之间就断了连接，孩子便与你的情绪对抗起来，小小的脑瓜便会萌生出“我就不”“我偏不”的执念。相反，当我们站在孩子的角度替他着想，与他内在的感觉、情绪配对，我们便与孩子有了连接，孩子便被那份理解的爱意滋养。因为连接、理解和爱，孩子愿意小小地“牺牲”自己当下的需求，“配合”你完成环境的需要。

所以，规则的前提依然是以爱为基调的理解与支持。

不是你的，就是别人的

文·白红

楼道里传来争论声："我的，这是我的。"声音有些急促与愤怒。我冲出去时，沙沙已经哭了。我走过去，沙沙趴在我的怀里哭泣，旁边的沐沐也哭了。我注意到沐沐的手里紧紧攥着一个印章，我大概知道发生什么事情了。我将两个人带到鞋柜上坐下来，让他们调整一下自己的情绪。渐渐地，两个人的情绪都平静了。

我问："宝贝，发生了什么事情呢？"

沐沐说："这是我的。"

沙沙掩不住自己内心的委屈说："这是我的印章，是我带来的。"

我说："沐沐，现在老师还不清楚这个印章是谁的，在问题没有解决之前，这个印章先由老师保管，好吗？"

沐沐说："这是我的，问题解决完就给我。"

我说："如果这个物品就是你的，那老师一定会在问题解决后归还给你的。"

我问沙沙："这个印章是谁的？"

沙沙说："老师，这个印章真的是我的，是我妈妈给我买的，我知道那个印章里的图案是什么，只不过中午我们在卧室玩的时候，我放在了沐沐的床上。”

我问沐沐：“是这样吗？是你从床上拿的吗？”

沐沐说：“嗯，是我从床上拿的。”

我看着沐沐说：“是你从家带来的，然后你放在了你的床上？”

沐沐说：“不是我从家带来的，我进卧室时看到我的床上放着印章，我就拿上了。”

我再次看着沐沐，清晰缓慢地说：“这个物品是你在你的床上捡到的，是吗？这个物品不是你的。”

沐沐说：“嗯，别人的东西放在我的床上就是我的了，我就得装在书包里。”

我说：“宝贝，不是你的物品，那就是别人的。捡到的物品不属于你。”

沐沐突然又大哭起来：“这是我的，是我捡到的。”

我回应着他说：“是的，你非常喜欢这个印章。”一边轻轻地抚着他的后背。我抱着沐沐，他一直在挣扎和哭，想拿走我手里的印章。我看着他，对他说：“因为这个印章的主人来找它了，你有点难过，是吗？”沐沐哭着点点头。

我抱着他说：“你有点难过，可以哭，老师陪着你。”

他哭着哭着慢慢平静了一些，头靠在我的肩膀上，还有些抽泣。我慢慢地抚着他的后背，直至他完全平静下来。于是，我将印章递到沐沐的手里，对沐沐说：“现在印章的主人在找它，我们需要归还给沙沙。”

沐沐很愉悦地将印章归还给沙沙，并且还问沙沙：“愿意和我一起玩印章吗？”说着笑着两人去楼道一起玩了。

当我们给孩子建立规则时，容易出现不接纳，有情绪的产生。我们需要给予爱和陪伴来帮助孩子慢慢从心里接纳不愿意接纳的事物，让他能够获得足够的心理支持。当我们每一次在倾听和爱中给孩子建立规则时，孩子会很快从混沌、迷惑的状态逐步走向清晰、确定、有力量、有秩序的状态。

学会道歉

文·田芳

早上10点左右，我在帮助牛仔搭建乐高，突然八角桌处传来哭声，我迅速回头接触到蕾蕾望向我的眼神。蕾蕾看到我后，一边哭一边含糊不清地说着："他不向我道歉。"眼神落向了旁边的嘟嘟。

我和嘟嘟对视了一下，嘟嘟说："她随便评价我的作品，说我的作品不好看。"

我说："我知道了。"

蕾蕾说："他用手弄我的脸。"说完后又继续哭，边哭边说："他不向我道歉。"

我说："老师知道了，我们现在先不解决问题，老师先陪着你。"

我将蕾蕾带到一边，说："嘟嘟用手弄你的脸，让你很不舒服？"

蕾蕾说："是的。"

我说："那老师陪你一会儿，等你情绪好点，我们再去解决问题。"

她将头埋在我的肩膀上哭泣，我抚摸着她的后背，静静地陪伴着她。渐渐地，哭变成抽泣。5分钟后，她将头抬起来，我问："你现在好点了吗？"

蕾蕾说："嗯。"

我说："那我们现在能解决问题了吗？"

蕾蕾说："可以。"

我将嘟嘟叫过来："你们谁先告诉老师事情的经过？"

嘟嘟说："我说我说，她先说我画的画不好看，我才弄她的。"

我说："蕾蕾，你告诉老师发生了什么。"

蕾蕾说："我说他，他就弄我的脸。"

我说："你说他什么？"

蕾蕾说："我说他画得不好看。"

我说："嘟嘟，当蕾蕾说你画得不好看时，你有什么样的感受？"

嘟嘟说："我很生气，她不可以随便评价别人的作品。"

我说："是的，她评价你的作品让你不舒服，你就去动她的脸。"

嘟嘟说："是的。"

我说："你需要把你的感受告诉她。"

嘟嘟说："你随便评价我的作品让我不舒服，请你向我道歉。"

蕾蕾一字一顿说："对、不、起。"

嘟嘟说："请你不要随便去评价别人的作品，这让我感觉不舒服，请你看着我的眼睛真诚地向我道歉。"

蕾蕾看着嘟嘟的眼睛，再次说："对、不、起。"

嘟嘟说："原谅了。"

我说："宝贝，嘟嘟弄你的脸有怎样的感受？"

蕾蕾说："我心里很不舒服。"

我说："你可以把你的感受告诉嘟嘟。"

蕾蕾说："嘟嘟，你弄我的脸让我不舒服。"

嘟嘟噘起小嘴说："对不起。"

蕾蕾说："原谅了。"

道歉让一个人有勇气面对自己，从而获得一份内在的尊严感。让孩子从小懂得维护自己的尊严并懂得尊重别人，将为其建立一生获益的品质。

“我有权利拒绝，我为自己负责”

文 · 蔡婷

近期班里的男孩们喜欢交换玩具，用一个自己带来的玩具和别人交换，交换得来的玩具继续不断地交换，一天下来自己原本的玩具不知道交换到了谁的手里，有时还出现了在晚上放学的时候玩具又交换回自己手里的情况。由于频繁地交换玩具，这中间也会出现一些问题。

早上，李老师接完孩子和我沟通：“小宝妈妈说，小宝昨天带来一个蜘蛛侠的面具被嘟嘟用一个小小的机器人给换走了，而且小宝还送了本《海底小纵队》的书给嘟嘟。小宝放学后说，他不愿意把玩具和书都送给嘟嘟，但是嘟嘟不知道说了什么，小宝就把东西给了他，希望老师能了解一下情况，帮助他们解决一下问题。”

主题课后，我刚走出教室，就看到小宝和嘟嘟一人手里拿了一件玩具。小宝高兴地向我展示：“蔡老师，你看，这是嘟嘟送给我的，是一个变形恐龙。”

“哦，这个恐龙看上去很酷啊！”我回应道。

“对呀，嘟嘟送我这个变形恐龙，我送给他一个超级变变变。”小宝开心地向我炫耀着。

这时候，嘟嘟拿着小宝送给他的玩具也走过来向我展示。

我问他们："老师想向你们核实一下，这两个玩具你们是决定交换，送给对方了吗？还是借给对方？"

嘟嘟先回答道："是小宝送给我的，然后我就送给他一个玩具。"

我问小宝："请问小宝你同意送这个玩具给嘟嘟吗？"

小宝说："我同意。"

"好的，只要你们两个彼此同意送给对方就可以，这是你们的玩具，你们可以自己决定。老师还有一件事情想和你们核实一下，请问昨天小宝是不是送给嘟嘟一个蜘蛛侠的面具和一本书？"我问他们。

"是的，我还送了小宝一个机器人呢。"嘟嘟回答。

"小宝，请问是这样吗？"

"是的，我送给嘟嘟一个蜘蛛侠的面具还有一本书。"小宝回答。

"那你是自己愿意送给嘟嘟的吗？"我又问。

小宝犹豫了一下说："我不愿意。"

"那你有没有拒绝嘟嘟，告诉他你的想法？"我再次核实。

"我拒绝了，可是嘟嘟喜欢，我就送给他了。"小宝解释道。

"嘟嘟很喜欢蜘蛛侠的面具和书，那是他的感受，但你是这个面具和书的主人，如果你不愿意，你可以拒绝他。"我说。

"我说了，可是嘟嘟不同意。"小宝有点无助地说。

"嘟嘟是怎么表达自己不同意的？"我问。

小宝回答："他说了威胁我的语言。"

"嘟嘟，请问是这样吗？"我问。

嘟嘟没有说话，他的表情表示他的确说了威胁的语言。

"好的，老师知道了，嘟嘟你用了威胁的方式得到了小宝的玩具，你需要和小宝解决这个问题。那小宝，请问你想怎么解决这个问题？”我请小宝自己来思考。

小宝说：“我想让嘟嘟把面具和书都还给我。”

我问：“嘟嘟，请问你同意这样做吗？”

“我可以把面具还给你，但是那本书我已经和壮壮交换了。”嘟嘟说。

“那本书怎么办？嘟嘟，你还有没有别的解决办法？”我问。

“那我把壮壮送给我的玩具还给他，然后让他把那本书还给小宝。”嘟嘟想了一下说。

“好的，那请你找壮壮和他商量吧！”我告诉嘟嘟。

于是，嘟嘟找来了壮壮。

“壮壮，我把你送给我的玩具还给你，然后你把那本书还给小宝好吗？”嘟嘟和壮壮商量着。

“哦，好的。”壮壮犹豫了一下同意了。

“壮壮，你愿意把那本书还给嘟嘟吗？嘟嘟把那本书送给你了，那本书就是你的了，你可以自己决定是不是要换回来。”我告诉壮壮。

壮壮思考了一下说：“我不同意，我很喜欢那本书。”

“好的，老师知道你的想法了。那嘟嘟，你现在的想法是什么？”

“那我再送给小宝一个别的玩具可以吗？”嘟嘟问我。

“这需要你和小宝商量。”我回答。

“妈妈说了，那本书是一套的，少一本就不完整了，我不能送给你了。”小宝说。

“那我就买一本一样的还给你？”嘟嘟又想到一个主意。

“对不起，打断一下，请问给小宝再买一本一样的书，这件事情你能自己决定吗？还是需要和爸爸妈妈商量一下？”我问。

“哦，我需要和妈妈商量一下。”嘟嘟回答。

“好的，那请你也把这件事情告诉小宝，看看他的想法。”我建议嘟嘟。

“小宝，我还不能决定给你买一本一样的书，我需要和妈妈商量一下，然后告诉你可以吗？”嘟嘟问小宝。

“嗯，那好吧！”小宝同意了。

“你们商量好了是吗？那请明天早上入园后继续解决这个问题。小宝，你是自己玩具的主人，你有权利决定是否交换或者送给他人。如果你拒绝了，对方还是一直问你要，那你可以请求老师的帮助。嘟嘟，老师观察到你们最近都非常喜欢交换玩具，玩具是你们自己的，你们有权利和任何人交换，只要你们彼此都愿意。如果有一个人不愿意交换，另一个人使用威胁的方式进行的交换是不公平的，这样做是不可以的，老师是需要介入的。请问你喜欢自由地交换还是老师介入你们？”

嘟嘟不假思索地说：“我喜欢自由地交换。”

我说：“好的，那就请你用正确的方式和小朋友进行交换。”

第二天上完主题课，我就来到教室外面找嘟嘟和小宝。“请问你们两个可以继续解决昨天的问题吗？”

“我从家里带了一本其他的书送给小宝。”嘟嘟回答。

“哦，那你可以把你的想法告诉小宝，征求一下他的意见。”我建议。

“小宝，我能送你一本奥特曼的书吗？然后就不用还给你书了，这样可以吗？”嘟嘟问。

“哦？是什么书呀？”小宝好奇地问。

嘟嘟从书包里掏出带来的书递给了小宝，小宝看了一下痛快地答应了。

“小宝，请问你能自己决定吗？还是需要和妈妈商量一下？”我问。

“不用问妈妈了，我可以自己决定。”小宝已经被手里的书吸引住了。

“好的，那尊重你的决定。那请问现在问题解决了吗？”我问。

嘟嘟和小宝一起点头说：“解决了。”

我说：“好的，老师很欣赏你们能够去面对问题，解决问题。希望你们在之后的交换中都能够表达自己的真实想法，用合适的方式和其他人交换。”

问题至此终于解决了，我想在之后交换玩具的过程中，他们一定还会出现一些其他的问题，但是我相信他们可以去面对和解决。

在人际交往中，玩具是交往的媒介，孩子们通过交换、赠送来建立关系，获得友谊。在交换玩具的过程中，玩具不断地被交换，主人也在不断地发生变化，有时成人也会混乱。但是，孩子们在逐渐清晰，送给别人的玩具就不能再要回来，一旦决定送给别人就要为自己的决定负责。所以，玩具的决定权对于儿童来说十分重要，只有一个儿童能够自由支配自己的物品，他才能为自己的决定负责，为自己负责。

另外，我发现在嘟嘟和小宝这件事情上，我没有过多地去帮助他们解决问题和给出建议，我只是在帮助他们梳理清楚事情的过程。在整个解决的过程中，他们都是自己去思考解决方法，当自己的想法被拒绝时，没有沮丧或是生气，而是更加积极地去思考更好的方式。

如何帮助儿童建立规则

1.在生活中，在爱中帮助孩子建立规则。

2.告诉孩子正确的做法。

3.给孩子建立明确的权利意识，会使孩子明确、有力、有责任感和道德感。

4.建立规则的目的是帮助孩子学会对自己负责任。

5.规则是有弹性的。

6.建立规则意识，不是建立规则本身。

7.当孩子有情绪时，先照顾孩子的情绪，再处理问题。

8.发生纠纷时，让孩子在存在感和尊严感中解决问题。

9.倾听全过程，问清缘由。

10.明辨是非（建立一生的道德观念）。

11.将事情和纠纷中的所有内容一层层剥离开，一层处理完再处理下一层。

建立规则的最佳时期

文·安长喜

智能的形成源于自由

在我的孩子很小的时候，我们就有一个共同约定，即每天可以进超市自由地选一次零食。但选择玩具的时间是在周末，因为家附近没有较好的玩具店，加之平时爸妈都上班，所以玩具每周选择一次，一次一个。

于是，我儿子每天都有一次逛超市的机会，小区周围大大小小的超市他都熟。刚开始，我发现他在选择零食的时候对零食没有多少感觉，好奇和冲动的成分更多一些，拿起这个放下那个，基本上属于超市走一圈，扫荡一片。这个时候，我们一边帮着归位，一边请他一起来归位，所以大量的时间都用在归位上了。我们费了好大的劲才走到超市门口，他指着柜台上的棒棒糖说买，然后付钱走人。

几乎每次都是这样。平时大人买的零食基本都搁在家里不怎么动。等再大一些，我和他妈妈就只站在超市门口等他，他自己一个人在里边选。他每次要么到门口选择一个棒棒糖离开，要么选择其他的，但基本上时间都长达1～2小时，累得他筋疲力尽。

等他妈妈上班后，他白天都待在爷爷奶奶家，晚上下班爷爷开车把他送回来，每次都是我或妈妈在小区门口接他。他一下车就往小区门口的超市冲，然后接他的人就在门口等待。每次进超市，他会很快发现新到的零食，蹲在地上研究一番，有时会选择买，有时放下，出门依然拿个棒棒糖就回家。

从一开始，孩子在超市选择零食的过程亦是建构规则的过程：他慢慢地体验轻拿轻放；从没有意识归位，到和爸爸妈妈一起归位，再到自己归位；从需要爸爸妈妈陪伴来做，到自己独立完成。这个历程缓慢地发生着，没有任何干扰的因素，孩子从容地经历着这一切。直到有一天他把周围每个超市的特点清晰地描述给我们，对每个超市的内部区域和结构了如指掌，我们突然发现，智能形成了。

智能的形成需要一个极为重要的条件，那就是自由。恰恰是我们和孩子共同约定的规则，彻底地保障了孩子选择的自由。

根据自己的条件，与孩子约定

记得有一次我在银川讲座中讲到这个故事，然后我开玩笑地说，大家有没有发现获得自由的孩子其实管理的成本最低，花钱最少？大家表示认同。

台下一对听课的夫妻激动地举手发言：“从今天开始，我们再也不限制孩子的零食了，也让他像您儿子一样在超市自由地选择。”

结果不到一个月，这个妈妈哭丧着脸来找我：“安老师，你说的那个方法管用吗？自从放开后，我儿子一进超市就一车一车地买，家里边已经快堆成山了！”

我忍不住大笑，感叹我们的家长太可爱了。我说：“这就是自由的前奏，叫解放。起码从中你能看到孩子被限制后的匮乏感和积压的能量。”

我问她：“你还能做到尊重你和孩子的约定吗？”

“说实话，这样下去我做不到，现在我每次都在忍着。”

我说：“当你忍的时候，你的孩子是知道的。你的隐忍，恰恰又强调了孩子的行为。而且，在家庭中，与孩子建立规则要根据你们自己的特质、自己的条件来协商约定，这样才是你们自己的生活，而非仰仗某种权威或效仿别人。有可能我们的方法只适合于我们，你得发现适合你们家庭的通道。”

之后，这位妈妈做了调整。这个孩子每天对零食和玩具的占有在慢慢地发生着变化，最终摆脱了对零食和玩具的控制。

不守规则，恰是建立规则最佳时期

我想说的是，当我们共同制定了规则之后，我们成人的状态决定了孩子对规则的态度，从而形成某种秩序。当我们尊重规则时，新的秩序就在逐渐形成；当我们以规则的精神去生活的时候，孩子的规则意识就逐渐形成。

在这儿，我们往往会看到一些现象。第一种是在规则的约定中，没有孩子的意志或者参与，所约定的规则只是家长的意愿或者要求，甚至命令。我们说，这是权威，规则的产生是家庭中每个成员共同参与并最终达成的约定。所以，这样的规则很难保障儿童成长所需的自由，也必然很难执行下去，除非你选择强权。

第二种是儿童在形成规则意识前会有很多种可能性，常见的就是挑战规则。首先我要说的是，孩子挑战规则的时候也是形成规则意识的一个重要里程，起码他已经意识到了规则本身。例如，玩完玩具不归位，看电视到时间还要看，等等。

问题关键不在于孩子不遵守规则怎么办，而是这个时候恰恰是帮助孩子建立规则的最佳时期。也恰恰就是在这个最佳时期，大部分家长没有意识，并且对于孩子的各种反应和情绪，自己也产生了情绪的共生。于是，规则精神瞬间消失，权威出现了，关系中的界限被破坏了。孩子表面屈从于这种强权之下的纪律，同时把权威感种在了生命的深处，种进了潜意识。

所以在此关键期，成人的状态也禁受着考验。家长有没有规则精神，直接影响着孩子是否形成规则意识，同时也考察着家长的智慧。

规则的建立历程

1.共同约定，规则产生。

2.挑战规则（触碰规则）。

3.有意识地使用规则。

4.形成规则意识（规则内化）。

5.规则精神。

规则，让孩子为自己负责

记得有一次，我儿子晚上玩了一堆玩具，妈妈提醒该归位的时候，他不耐烦地说："我知道了！"但过了好长时间他依然没有行动，于是妈妈又提醒他，反复几次后，他说："我就是不归位！"后来又补了一句："不管怎样我都不归位，踢我也不！"

于是我问儿子："请问这是谁的玩具？"

"我的呀。"

我又问："那你对你的玩具负责任吗？"

"当然。"

"那就请你归位，归位就是对你的玩具负责。"

他警觉了一下，身子一立，看着我。我继续说："如果你选择不归位，这是对你的玩具不负责任，我视同你放弃了做这些玩具的主人。我愿意归位这些玩具，但是当我归位这些玩具的时候，我就有权利来处理这些玩具了。"

还没等我把话说完，他立刻起身去归位，还不断地强调："我才是玩具的主人，我为它们负责，你没有经过我的同意不许碰我的东西……"

自此之后，他再也没有出现不归位的问题。他有时候忘了只需要提醒一下，就立刻去归位了。

所以，以规则精神来帮助孩子剥离事件，让孩子为自己负责，让孩子生活在规则的环境里，文明就诞生了，理性的智慧便逐渐开启。你还需不需要每天都吼孩子呢？反过来说，当你开始吼孩子的时候，恰恰是你已经踏上了权威之路，你需要成长自己了！

先倾听，再讲规则

文·李燕

随着一阵哭声，安老师抱进来满脸泪水的豆豆。“还有一个孩子在沙发上，你去把他抱进来。”安老师对我说。我迅速来到大厅，在沙发上找到了另一个孩子——博智。

“你和豆豆怎么了？”我问。他没有回答。

“来吧，老师带你到办公室和豆豆解决问题。”我说。

“我不去！”博智气鼓鼓地说。

“我们需要解决问题。”我抱起他准备到办公室去，他却开始大哭，身体扭动、挣扎着，并试图用手拍打我。我腾出一只手，制止他的拍打，亲了亲他的脸并告诉他：“老师爱你，我会和你一起解决问题。”他怔了一下，停止了拍打，但依旧大哭，身体挺着。

我们来到办公室，豆豆在安老师怀中已停止了哭泣，看到我抱着大哭的博智进来，豆豆有些不知所措。我抱着博智坐下来，他继续哭着，身体逐渐在我怀中柔软下来。过了一会儿，哭声停止了。

我看着博智说：“现在我们来解决问题，好吗？”没想到，他立刻跳离我的怀抱，如同受惊吓的小豹子，一下子退到了办公桌旁，又开始大哭。闻声而来的孙老师看着哭泣的博智，开始同他聊天，他逐渐安静下来，用戒备的目光看着我们。

我接过安老师怀中的豆豆，开始问道："豆豆，你能告诉老师刚才你和博智发生什么事了吗？"

豆豆点点头说："我和他玩着呢，他就打我。"

"你愿不愿意和博智解决问题？"我问。

豆豆又点点头。

我转向博智，向他伸出手说："来吧，老师和你们一起解决问题。"他迟疑了一下，随后就将手交给了我，我将他也抱在我的怀中。

两个孩子面对面坐在我怀中，我说："现在我们来解决问题。"

"我不解决了。"豆豆忽然变得紧张起来，在我怀中蹭着要下来，并不时回头张望。这时我发现，办公室的门口不知何时已聚集了一大群实习老师（大概想见习一下如何解决这样的"突发事件"吧）。

可能太多双眼睛的注视让豆豆紧张起来，我立即说："这么多人看着你，你很紧张，是吗？"

豆豆点点头。

我转向门口的老师说："你们这样看，豆豆有点紧张，请大家暂时离开，我们需要独自解决问题。"待大家离去后，豆豆又安静下来了。

我又说："现在我们开始吧。博智，你告诉我刚才你们在沙发那儿发生什么事了。"

"我在那儿玩呢，豆豆就来了，我就推他了。"博智说。

我又转向豆豆问："是这样吗？"

"我和他玩呢，他就打我。"豆豆认认真真地说。

"那是我搭的垫子。"博智气呼呼地说。

“你是想和他一起在沙发上玩，是吗？”我继续面对豆豆，试着帮他厘清思路。

“嗯。”

“你和博智说了要和他一起玩吗？”

“没有。”

“你没有经过他的同意就动了他搭的垫子，是吗？”

“嗯。”豆豆又点点头。

我转向博智，说：“你在沙发上玩，豆豆没有经过你同意就动了你搭的垫子，是这样吗？”

“嗯。”

“你就打他了，他就哭了，是吗？”

“嗯。”博智还是有点紧张地看着我，嘴里应答着。

“打人是粗野的行为。你可以告诉他‘这是我搭的，没有我的同意，你不可以动’。我们要用语言解决问题。”

他看着我没有说话。

我转向豆豆说：“如果你想和他一起玩他搭的垫子，你需要经过他的同意。”

“嗯。”

“你需要向他道歉。”

“对不起。”

“不原谅。”

“对不起！” 豆豆看着博智的眼睛又认真地说。

“原谅了。”

“你打豆豆了，你也需要向豆豆道歉。”

“对不起。”

“原谅了。”豆豆大方地说。

“这样解决可以吗？”两个人同时点点头表示可以了。豆豆立刻从我的腿上滑了下来，离开了。

博智这时已完全放松了，倚在我怀中，没有要离开的意思。我继续抱着他，没有说话，陪伴着他。又过了好一会儿，他在我怀中挺了挺身子，扭头看了看我又开始啜泣。我感觉他需要一个比我更亲近的人待在一起，于是我说：“我让石老师来陪你，好吗？”他立即点点头，停止了啜泣。一会儿，石老师来了，将他从我怀中接了过去，博智紧紧地依偎在石老师怀中，开始啜泣。石老师抱着他，没有说话，只是在他脸颊上亲了亲。此刻他们需要安静，我退出了办公室，关上了门。

在解决孩子纠纷时，首先需要倾听孩子叙述事件发生的全过程。这不仅可以帮助我们了解事件的原委，了解当时孩子内心的想法，同时还可以帮助孩子厘清思路。在帮助孩子厘清思路之后，孩子们自己就知道如何解决问题了。

倾听每个孩子讲述的过程，也是一个治疗的过程。通过叙述，孩子原来积压的不良情绪就会得以释放，就能够真实地面对问题了。

而且，我们要给每个当事人讲述所发生事件的机会，这也让孩子有机会了解别人对事情的感受和看法。孩子在叙述的过程中说出自己的感受，体验自己的情绪，和倾听者的情感产生共鸣。而倾听者不仅需要认同儿童的情绪，还要帮助儿童认同自己的情绪，继而去试着接纳、理解别人的情绪。当然，这是一门长久的功课，儿童在这一点上是需要成人的帮助的。如果孩子每一次遇到问题都可以得到这样的帮助，我们有理由相信，未来的他们至少在情绪处理上是不会存在问题的。因为这个世界上每个人都是站在自己的角度看待问题的，每个人都是只知道自己的感受而无法了解别人的感受的。一旦接纳了自己，接纳了别人，我们的世界就会变得无限宽广。

和孩子一起，共同遵守规则

文 · 段武宽

在教育里，规则是个永恒的话题。

记得多年前发生在小学老师办公室的一件事情。Y老师上课去了，她的鸡蛋放在自己的桌子上。A老师用这个鸡蛋给办公室的老师演示一个实验。当Y老师回到办公室发现自己的鸡蛋被做过实验后，她生气地说："我们要求孩子遵守规则，不经过允许不可以动别人的东西，那我们为什么自己不遵守？"大家面面相觑，空气一瞬间似乎凝固了。

幼儿班和小学班级都有一个教室常规：在教室里请小声说话。当你进到一个班级，如果发现几乎全班的孩子都能做到小声说话，那么这条规则显然已经在孩子身上内化了，但当你进到另外一个班级，孩子大声说话是常态，老师需要不断提醒。再仔细观察，你会发现，原来老师自己习惯于大声说话。

看到这两个例子的时候，如果反观自身，我们会发现在生活里，类似的事情其实比比皆是，似乎所有的规则都是为孩子制定的，而成年人大多时候都在做一个法官——一个监督和评判孩子是否遵守规则的法官。"法官们"并不在意自己是否遵守规则，只有当孩子提出质疑时，才会被迫意识到自己在规则方面出现的问题。

让我们来看看规则的定义：规则是全体人共同遵守的具体规定，是保护全体人权利和自由的共同约定。这个定义的核心是：全体人、共同遵守、共同约定。

全体人指的是什么呢？是规则范围内的每一个人，孩子家庭里和学校里的每一位成员。

共同约定的含义不言而喻，就是共同遵守，如果将它通俗化就是：每一个约定、每一条规则，所有的人都要共同遵守。

如果家庭里建立的规则是“不看电视”，那么所有家庭成员都应该遵守这条规则；如果学校里制定的规则是“不经过别人允许不可以动别人的东西”，那么所有师生都应该做到这一点。当全体人共同遵守每一条规则时，规则才能成为真正的规则。

成人是作为儿童成长的软环境而存在的，只有当成人清晰规则、遵守规则并拥有规则意识时，才能帮助儿童建立规则。成人在规则中清明，规则才能真正地落实到儿童身上。

在一年级的讨论课记录《自由与规则》中，有老师提出了一个问题：

“你认为自由与规则的关系是什么？请举例说明。”

LYD：上课有发言的权利，但需要举手让老师叫你。

GYC： 如果你遵守规则，那你拥有的自由就是无限的。

LSF： 如果你损坏别人的物品，需要赔一个一模一样的。

WLY： 在学校里可以自由地玩耍，但要选安全的方式和朋友玩。

……

看到孩子们的发言，我们会发现虽然才一年级，但孩子们对于自由与规则的清晰度有的甚至超越了成人。这得益于在爱和自由的学校里，

起点

教师、员工沉浸在这个教育里，耳濡目染，不断练习让自己有意识地和孩子共同去遵守规则，从而创造了一个有规则意识的环境。

儿童对规则的认知需要一个过程：了解规则及意义，建立规则，使用规则，反复练习规则，内化规则，形成规则意识。这是一个漫长的过程，儿童在这个过程中需要不断历练，最终形成规则意识。

而这个过程，其实也正是成年人重新学习规则、清晰规则、形成规则意识的契机。把握这个契机，在与儿童相处时，保持觉察，有意识地学习并练习与儿童共同遵守规则、内化规则，继而建构起真正的规则意识。

当我们与儿童在规则的最深处相遇并相知时，我们收获到的一定是一个共同清明的世界。它不仅有助于儿童成长，同时也帮助我们不断成长！

建立规则，平静而确定

文·樊蕊

和煦的阳光洒在这一方热土上，早上七八点的太阳伴着孩子跳跃的脚步和绽放的笑颜冉冉升起于高楼之上。我站在幼儿园的葡萄架旁，看着一个个小小的人儿从我身边走过，满心欢喜。远远地，鲁鲁也背着书包和水壶在妈妈的前面走着，看见我，咧嘴一笑，和我拥抱后例行晨检。他独自上楼将物品挂在挂钩上，然后来到院子里找大宝和希希一起游戏。

早餐的时间到了，我依次提醒还在院落玩耍的孩子们上楼进餐。孩子们便一一地跑上楼去准备用餐。不一会儿，偌大的院子里只剩下我和鲁鲁。我蹲在他的身旁，他推着独轮手推车站着。

“我就不归位，就不！”鲁鲁梗着脖子，坚持着。

“鲁鲁，你选择了，使用了，就需要去归位。”

刚才鲁鲁将玩过的手推车随意停置，然后就要上楼，当我上前去提醒时，便出现了上述场景及对话。

“我现在就上楼吃饭。”鲁鲁声音更大了。

“我会等着和你一起去归位的，归位后再去用餐。”我平静地说。

“哼，你没有权力！”这时，鲁鲁双臂环胸，好一副义愤填膺的样子。

我依旧平静地问：“我没有什么权力？”

“不让我吃饭的权力！”

我笑笑，“吃饭是你的权力，我并没有限制你吃饭，归位完就可以去吃早餐了。”

他沉默了大概十几秒的样子，嘴巴噘着，双臂依旧环胸，背着阳光，连影子都透着倔强。“我就不，我就要上楼，现在就上楼。”

“上楼你也还是需要再下楼，归位完手推车后，再去用餐。”说完便又是一阵沉默。我再没说什么，只是让鲁鲁自己想好后，做出决定，我会在楼上等他。

我回到小神龙班，坐在鞋柜上正准备换室内鞋，就看见鲁鲁慢腾腾地爬上楼来。他什么也没说，坐在地上，拿出他的室内鞋准备换鞋。

“请问，你归位了吗？”

“没有。”他边摇头边说。

“哦，那你暂时还不能进教室，你需要下楼去归位。”

鲁鲁边说着“不”，边停下了手上的动作，仰着头看着我，闷闷不乐。

“等你准备好了再去也行。当然，时间太久，可能会耽误你用餐的时间。”我确定地说。说完，我便换上了鞋子，轻缓地走进教室。在教室里，我时不时看向他，他依旧没有要去归位的迹象。

过了一会儿，就在我泛起嘀咕的时候，鲁鲁下楼了。这个时候，已经过去15分钟了，厨房的阿姨肯定也已经收走了早餐。

5分钟后，鲁鲁换上鞋子，走进教室，走到我的身旁，抱着我的脖子愉悦地在我耳边轻声说：“老师，我已经归位了。”

我笑着，给了他一个大大的拥抱。“饿了吧？你可以去捣馍片。”

“嗯！”

很多时候，在与孩子相处的过程中，我们能够明显地感受到对抗的能量。对抗意味着强硬，意味着冲突的起源。接受孩子此刻升起对抗的能量，并以温和且确定的方式回应儿童，显示我们的坚定。孩子感受到你的那份坚定，便会避免冲突，避免情绪共生。随之而来的，是彼此的爱和对规则的遵守，就如鲁鲁回到教室后，在我耳畔的柔声细语和大大的拥抱。

访谈

放松的家，有弹性的规则

问：通常我们遇到规则不能很好执行的情况时，家长一是自己拿捏不准，觉得可执行、可不执行，二是在明晰规则的时候，特别严肃。

段武宽：我观察到的基本上有两类。第一类，家长以前没接触过“爱和自由，规则与平等”的教育，当他了解了，就非常想弥补孩子过去没得到的爱和自由，导致了规则的失衡。

第二类，家长认为爱和自由也需要规则与平等，但只从字面上理解规则，所以执行规则的时候就特别严厉。但家庭是一个让人放松的环境，在孩子全然放松的状态下，特别一板一眼地执行，效果不会很好。

问：在家里给孩子执行规则，是否应当考虑孩子当下的一些状态，比如年龄、接受能力？

段武宽：是的，我认为比较重要的是考虑孩子的情绪状态。执行规则是理性的状态，但孩子的状态不见得是理性的，要看当时孩子的情绪状态能不能执行规则。比方说归位的规则，今天孩子的情绪很差，这时候是不是非要强调将东西归位呢？当孩子有情绪时，

应该首先关注情绪，再执行规则。

一定要看孩子是什么样的状态，然后再给他执行相关的家庭规则。

比如家庭中的三条规则：不伤害自己，不伤害别人，不伤害环境。但孩子发起脾气来，就摔了东西，伤害了环境。如果是在社交场合，大环境对他有约束，他很快能意识到这是不理性的。但是在家里，他那样去做，是在放松的状态下带着情绪的。这时候如果我们义正词严地告诉孩子“你不可以伤害环境”，能解决当下的情绪问题吗？当他情绪调整好，状态好的时候，再告诉他，摔东西会伤害自己，伤害环境，他接受起来就比在情绪状态下好一些。

问：有的孩子会试探规则，他清楚规则，但不遵守，会反复地试探规则的底线。

段武宽：无论是孩子还是大人，实际上都有个常态——总是在试探规则的边缘，获取自己的利益。试探会帮助孩子建构更好的规则，因为底线是确定的界线，这是一种探索。这个和孩子的状态好或不好没有关系，只说明他对规则非常清晰。

问：这样的情况会让家长在执行还是不执行间犹豫。

段武宽：举个例子，如果我们和孩子约定每星期三买一本书，但时间还没到，孩子就想买书。如果孩子特别需要，你可以告诉他，你需要的书在周三才能买。你可以选择现在买，但周三就不能再买了。这样没有违反规则，只是把日期提前。孩子看见特别想要的东西，不仅仅是一种心理的需求，还带有其他的因素。

我举一个例子，你就会特别明白孩子的感受。

比如，你送朋友一件特别漂亮的衣服，但是当她穿上时，屋子里没有镜子，这时候对她来说就是折磨和煎熬。对孩子来说，经常看到喜欢的东西，但是不能得到，同样是折磨和煎熬。这时候，弹性在哪里呢？你只要确定，孩子的认知能明白你传递的信息，比如他知道他提前买书，周三就不能买了，那就是合理的。

问：看来了解孩子的需求非常重要。有的孩子故意破坏规则，好像是有其他的原因。

段武宽：我认为，如果我们把注意力放在规则上，孩子就会发现破坏规则时自己是非常有力量的，他就会尝试这样显示自己的力量。这时候他的行为已经超出了是遵守还是不遵守的范畴之外，变成用这个行为试探成人的反应，这是一个心理状态。

当他这样做的时候，他还在试探你对他的关注是否足够。如果把他的行为视为是在挑战规则，是不完全的，应该把握孩子的心理活动。你会发现，所有的孩子都是这样，当你过分强调某一件事情时，他会以此获得你对他的关注。

当孩子用这种方式获取我们的关注时，第一，我们要告诉他，无论你是怎样的，我都是爱你的，我对你的爱不会因为这件事有改变。第二，让孩子相信，他有能力、有力量做好这件事情。第三，有时小朋友不遵守规则的行为，特别容易把大人激怒，所以我们要心平气和地执行规则，而不是带着情绪。

想执行好规则，要把规则和情绪分开。规则和情绪连接起来，就会出错。比如，当妈妈在工作时，小朋友来找妈妈，他其实是想获得一份爱，一份接纳。但是，如果他进来的时候，你直接告诉他："妈妈正在工作，请你离开。"你就会发现一会儿他又来了，你不断地受到打扰。

但如果我们这样对他说："你想妈妈了是吗？妈妈跟你在一起待一分钟。来，妈妈抱抱你。"他找你的需求就得到了满足。一分钟里，你跟他有个连接，时间到了以后再告诉他："妈妈需要工作，你需要离开。”

问：关于观察孩子的状态，您有什么建议呢？

段武宽：在幼儿园里，我作为老师去观察孩子，是基于了解和把握，那是一种经验。但是，父母去观察孩子，一定是透过爱和了解。你和孩子是在一起的，确确实实在一起的，你就会观察到孩子当时的状态。

不可避免的是，大人的心态挺多的，对待自己的孩子时也会有很多的心态。比如，我不允许自己去讨好别人，当我看到孩子有这样的状态，我就会特别不舒服。但如果我带着这种心态去评价孩子，就是不客观的。

其实，在规则面前，我们和孩子是平等的。但执行规则时，很多时候强势在我们这边，孩子是弱势，所以执行规则特别容易教条。

我女儿特别喜欢随手放东西，我放东西总放在固定的位置，找起来很容易。但她不是，她找一个MP3都非常费劲。我一直试图说服她，建立一个良好的习惯，找起东西来就会很轻松，就不用耽误那么多时间。

现在她长大了，她会对我说："妈妈，我和你是不一样的，我不是一型（九型人格中的一型）的，我不是特别爱整洁，所以你别要求我。"

孩子的话非常有力量，我有什么权利要求她和我一样呢？站在你对面的儿童，究竟是什么样的呢？幸好女儿是有力量的，她会直接地说出来。但如果孩子没有这样的力量，他是不是就慢慢变成你的一部分了呢？

规则背后

文 · 郑冰

下午放学之后，我正准备上楼整理课室的环境。骆老师牵着东东的手走了过来，然后对我说，东东在户外伤害了其他小朋友，提醒了三次之后还是没法控制自己的行为，现在需要换一个地方进行活动。我大致了解了一下情况，然后牵起东东的手，对他说："好吧，现在请你跟我到课室里去吧！"东东显得有点不太情愿，但还是顺从地拉起了我的手，跟我走上楼梯。

在课室门口我们换好室内鞋，东东开始问我："我什么时候可以出去？"

我说："你得待在课室里，直到妈妈来接你。"东东显得有点沮丧，于是我又说："你在课室里是自由的。如果你觉得无聊，你可以跟我一起准备材料。"

或许我的建议引起了他的兴趣。东东抬起头认真地对我说："好啊！那我帮助你一起准备。"

回到课室，我开始收拾手工材料需要的东西，东东则在一旁默默看着。我把一些简单的材料交给他，他开始非常热心地帮我准备。约莫

过了10分钟，东东大概感到有点枯燥，开始站起来左看看，右瞧瞧。我说："你想做什么，你就去做吧！"于是东东开始在教室里转悠。

那时是下午的四点半左右，偌大的教室里就我跟东东两个人。我一边准备材料，一边观察这个孩子。只见东东先是走到切菜区和玩面区，发现桌面的工具没有摆放好，回过头来跟我说："郑老师，我帮助你整理这里啊！"我点点头，于是他开始按照日常的摆放位置整理。整理完后，他开始触摸各种各样的教具，从日训区到感官区，再到数学教具区，最后他停在了"砂纸数字卡"前。由于地板没干，我示意他可以在阅读区的桌子上工作。在接下来的20分钟里，东东安静、专注地沉浸在他的工作中，拓印、涂彩色沙。我欣喜地看着这个极少选择工作的孩子此刻呈现出来的专注状态。作品完成之后，他来到我面前，要求我帮助他订成一本小书。就在他跟我共同分享工作的喜悦时，东东的妈妈来接他了。只见东东无比高兴地拿着自己的“数字小书”，蹦蹦跳跳来到妈妈面前，之前的沮丧和无聊早就消失得无影无踪了。

在学校里，我们总是给予孩子尽可能多的自由，同时我们也用规则来保护每个人的权利。当然，规则的前提必须是爱和自由，不然这个孩子不会对规则顺从，不会对执行规则的执行者顺从。在规则的背后，每个人都将获得更多的自由来享受空间，此刻我就看到了东东难得的宁静和专注。或许规则让这个孩子失去了在户外活动的自由，但却在那个当下，促使孩子走进了内在的自我空间，发展了只属于他的心智。

执行规则的目的是帮助孩子清晰自己与别人的界限，执行规则是为了保证每个人的界限不受侵犯。执行规则不是为了贬低孩子，打压孩子的自尊心，而是为了通过暂时限制部分空间中的自由，让孩子承担自己侵犯他人的结果，从身体上感觉到规则的存在，从心理上接纳规则的存在，从认知上清晰规则的含义。

不知道孩子们是否能够体验到，尊重规则，环境中的每个人都将获得更大的自由空间。

内化了的秩序

文 · 李芳

上午我在班里指导孩子们工作，丁丁的声音比较大，我提醒了她几次，她显得有点不耐烦。过了一会儿，默默在门口叫我，我出去和默默说了句话很快就回来了，就听丁丁说："太好了，老师走了！"

亮亮说："老师走了有什么好的？"

丁丁答："老师走了就没人管我们了，我们就可以大声说话了！"

亮亮又说："老师走了也不可以在教室里大声说话呀，你说话会影响我们工作。"

黏黏说："对，教室的规则就是不可以大声说话也不可以跑，老师不在了也不可以！"

东篱说："老师不在了，我们也可以提醒你在教室里小声说话！"

石榴说："对，我们也可以提醒你！"

丁丁停止了说话。

我想这就是规则的内化，一个班级如果大部分孩子对规则是清晰的、内化了的，那么即使有几个不能遵守规则的孩子，在这种大的氛围里也更容易调整过来，班级的整体秩序就容易形成。

第三章

完整的人和完整的成长

简述完整的成长

我们拥有两个世界

自己做自己的主人

起点

我们拥有两个世界

文·孙瑞雪

当父母、老师、身边的成人给予儿童爱、自由、规则和平等时，
在精神胚胎的引导下，儿童经过身体的发展，
经过情绪的发展、感觉的发展、心理的发展、
认知的发展，最后精神到来。
精神胚胎实体化，自我就此被儿童自己创造出来，并逐渐成长。
儿童就这样一直创造着自我，建设着自我，形成着自我。
这是一个基本的完整的人的状态。

了解完整的人，首先我们要了解以下基本内容。

我们拥有两个世界：
一个外在的世界，
一个内在的世界。

我们先说什么是内在，什么是外在。比如，今天你来听课的时候，

你必须知道路，必须知道在哪里拐弯，必须知道从哪里进来，进来以后必须选择自己的座位，而且你很快就会看到身边坐着谁，这就是外在的世界。但是，进来以后有一个人坐在你旁边，你马上就会有感受，而你看到我的时候也会有感受，你看到周围也会有感受，你进入这个房间也会有感受，这些都是你的内在世界。

我们有两条路可走：
一条往外走的路，
一条往内走的路。

我们有两条路可走，一条是我们的外在，我们的外在世界越深、越广，我们在外在世界的成就越大。我们在外在世界了悟到真相和真理，我们就会在外在世界取得成功。但是，我们还有一个内在的世界，如果我们像外在世界这么走的话，我们的内在世界也会越走越深远，而且我们越往里走我们的幸福感就越强。

我们说我们进入内在世界是获得幸福的，我们走向外在世界是获得价值的——社会的价值。我们内在世界的价值就是幸福，幸福是不可能通过外在获得的。我们的孩子从生下来的那一刻起，就同步往两个世界走。如果我们的孩子只往一个世界走，而不往另外一个世界走，那么这个孩子就不完整，他不知道他里面发生了什么。

这个世界的表现形式有两种：
一种是有形的，
一种是无形的。

一种是有形的，我们看到的人都是有形的；一种是无形的，我们每个人的感受都是无形的。那么，一个人爱你是有形还是无形？

无形。一个小朋友马上就知道他的妈妈是否爱他。有一个孩子患有自闭症，他妈妈就来找我，想让我帮助他的孩子。有一天，他妈妈回去就问他："宝贝，你觉得妈妈爱你吗？"他看着他妈妈，看了好一会儿说："妈妈，你都看不见我，你怎么爱我？"这个孩子说得特别对，他妈妈见到我就拉着我描述一大堆的事情，可她的孩子却被丢在一旁。孩子叫"妈妈，妈妈"，她没有反应，继续说。她永远看不见她的孩子，永远看见的是她自己内在的焦虑，这是无形的。

在有形的世界里，有两样东西是完全能觉知的，一样是能量，一样是物质。能量的世界更趋向于真实，因为一个人先产生能量，然后再形成物质。但是除了能量，我们进入能量更深层的时候我们会达到更精微的状态，而这个状态取决于你对生命的觉知能力怎么样。所以，我们知道，这个世界就这么两样，一个是有形，一个是无形。这个有形的世界你可以触摸到，但是无形的世界需要你的觉知力。你的觉知力越好，你对无形世界的了解就越多，这样你就把一个世界完整地看到了，你的世界也会进而完整起来。如果你只看到外在的世界，看不到里面的世界，是不会完整的。

完整的成长

精神胚胎是核心，身体、感觉、情绪、心理、认知、精神是内在环境，爱和自由、规则与平等是外在环境。

我们请人上来演示完整的人，一个人代表身体，一个人代表情绪，一个人代表感觉，一个人代表心理，一个人代表认知，一个人代表精神。你们手拉手围成一个圆圈。再请一个人代表精神胚胎，站在圆圈的中间。

人生下来就是这样的，你看见了吗，所有的部分，无论你是乐意还是不乐意，无论是你想还是不想，这些东西都将会在你的世界中起作用。外面这个圆圈，身体、情绪、感觉、心理、认知、精神，我们称之为内在环境。你的情绪不是你，你的感觉不是你，你的心理不是你，你的认知不是你，他们都不是你，只是你内在的资源。资源是什么概念？你拥有的东西。那么什么是“你”？你的核心是什么？精神胚胎。但这个东西是不能单独落在地球上生存的，它必须借助肉体落在地球上。它不能活跃在地球上，容易受伤，所以你看到小朋友很容易受伤，你一离开他眼泪就流出来，你却说他“怎么这么脆弱呢”。

我们现在看，精神胚胎借助肉体落下来以后，它只做一个工作。这个东西非常高级，它只做创造。它对世界的功能就是创造，所以人的本质是创造。在这里面还蕴含着爱。我们说爱、愉悦、创造、智慧与力量，所有的这些东西都融合在一起，呈现在外在世界最核心的部分是创造。

我一说创造，大家就想到创造是什么。你最容易联想到的一个人是谁？乔布斯？他活着就是为了创造世界，但是乔布斯在刚出生的时候他的精神胚胎必须干一件事情，就是创造自己。当把自己创造完了以后，他才能用这个部分去创造外在的世界。所以，你看有创造性的人一定是把精神胚胎保护得很好的人。他如何把自己的精神胚胎保护好呢？就是他在成长的历程中把自我创造出来了。

起点

自我是精神胚胎的保护膜。当一个人拥有自我的时候，他就在这个世界上强大了。当他没有拥有自我的时候怎么办？如果一个孩子没有精力去创造自我，如果小朋友没有时间创造自我，他也必须活着。那怎么办呢？他没有机会创造自我，他受到更多的是创伤，但是这个灵魂是不能裸露着的。你知道为什么小朋友喜欢躲在妈妈的背后吗？因为小的时候妈妈是他灵魂的皮肤，所以孩子喜欢躲在妈妈的后面。但你的目的是要让这个孩子拥有他灵魂的皮肤，他灵魂的皮肤就是自我。如果你没有让他形成自我，你走开了，这个灵魂怎么办？因为它不能裸露着，它很脆弱。如果自我不能形成，这个灵魂又要活在这个地球上，没有办法，它必须找东西挡住，它也要给自己穿上一个东西，那就是小我，我们把这样东西也称为“盔甲”。对此，我们成人的治疗是在干什么？我们治疗是想要把盔甲脱掉。

儿童生下来就是赤裸裸的。什么叫“赤子”？我们说赤子之心，就是因为他太纯粹、太干净、太宁静了，婴儿带着一颗赤子之心生下来的时候是裸露的。这个裸露的生命原本是没有“小我”这部分的。

儿童依靠精神胚胎的指引，借助内在环境和外在环境，历经完整的成长，创造自我。

儿童早些时候是没有自我的，他必须创造他，如何创造呢？

他必须使用他所有的内在环境。第一个使用的就是他的身体。如果精神胚胎是一个意识体的话，婴儿的身体在刚刚孕育的时候，这个意识体在医学上称之为神经系统，还没有全然贯穿到他身体的每一个部位，在灵性上说就是还没有进入他的每一个细胞里。所以，小朋友刚生下来的时候，想把手往嘴里插，他还插不进去，只会乱动。你现在会把手准确地放进嘴里，因为你的意识已经在你的手上，你的意识完全贯穿在你的手上。

教育的刚开始，是允许儿童在精神胚胎的指引下，把意识贯穿到每一个部位，并以两年的时间让他的意识贯穿到他身体全部的部位。最初，他会不断地把手往嘴里放，因为他生下来唯一能动的、能被他支配的东西就是嘴。接着，他必须唤醒他身体的另一部分，就是手。他必须把手放到嘴巴里，使这个部分有感觉。当他一有感觉的时候，意识就穿进去了。在这个过程中你说："这孩子太脏了，不能把手往嘴里放！"你这样就会阻碍他。

接着，他要唤醒腿，要爬，要走路，从而唤醒其他的部分。这些部分怎么唤醒？他必须动。他怎么动？就是爬上去爬下来，在上面跳。通过漫长的过程，他就把身体所有的部分都贯穿了意识，全部唤醒了。

有时候，孩子跳下来会摔一个跟头，同时他也会被吓一跳。那么，他怎么释放他摔的那个跟头呢？情绪。情绪就是帮助，是滋养，是舒缓。当情绪过来的时候，你说"不要哭"，他就没有机会借助情绪调节自己。你有没有发现，在情绪中的人都是没感觉的，情绪一来完全失去感觉，你必须等待他，让他把情绪释放出来。他也必须把情绪释放出来，当他释放出来的时候，感觉就过来了。

感觉是什么，感觉是发现。感觉不到的东西，对这个人来说是不存在的。所以很多书都告诉你，人是一个感觉的产物。你感觉不到那个世界，那个世界对你来说就是不存在的。当你感觉到那一部分的时候，那部分就存在了。你的感觉是什么？五种，你看见了什么，你听见了什么，你嗅到了什么，你触摸到了什么，你尝到了什么。

身体是接纳感觉的，我们的眼睛会看一堆的东西，就像摄像。这个摄像是神经系统的网络可以接受的，但生命的系统是不接受的。这句话的含义是什么？就比如说，身体是可以接受食物的。你今天吃了一个苹果，肠胃是接受苹果的，但生命有机体是不直接接受苹果的，所以身体必须把苹果做一个转化，转化成为营养，这个有机体才会接受。

感觉进来的东西，生命体是不接受的，接受进来的五种感觉的东西必须在身体里有一个转化，必须转化成意识。所以，当具象的东西包括味道、触觉、感觉声音全部转化进来的时候，全部转化为意识的碎片，这就叫心理。

当心理转化为好多个意识碎片的时候，谁来把这些意识碎片加以组织、封起、规范和整合？就是认知。认知是干这些事的，其是不具备创造的，只是一个存储器，所以只做一个整合和处理。

谁是创造的？当一个人整合了很多东西出来的时候，他的生命就会有一个了悟。当这个了悟产生的时候，这是跟这个人连接的，他也就跟他的灵魂连接上了，精神就产生了。精神一产生就会产生一个整合，自我就会出现。

所以你经常看到，小朋友跟你说话的时候总说精神性的话，一语道破真理。你经常发现小孩说话怎么特别接近真理，大一点反而不会说了。这是因为小朋友小的时候很容易接纳到真相，所以一走到精神，自我这一部分就出来了。这个自我越来越大、越来越大，当它大到一定程度的时候，就被完全地创造出来，他的工作就完成了。

自我要干什么？这个自我就要用自己去实现他在社会上的价值。然后，当他在社会上的价值实现得差不多的时候，他发现这个东西的意义并不大，到了四五十岁时，终极思考就开始了：我活着的意义是什么？这时候这个自我就可以跟精神对接，成长才结束，真正有意义的生活才开始。

如果你不让儿童的自我成长，儿童成长的过程是由成人说了算，你告诉他不准把手放到嘴里，不许跳，不许哭……如果老不让他听到他精神胚胎的声音，慢慢地，他就听不到自己的声音了，精神胚胎好像不见了。

对孩子的精神胚胎，妈妈进去扫荡一下，李老师进去扫荡一番，陈老师进去扫荡一番，你以为扫荡一番还能雁过无痕吗？绝对不会，一定会留下痕迹。因为这个声音很恐惧，你强制性地进去，你就会丢一部分垃圾在他的身体里，所有的垃圾组合起来就形成小我。

这个小我的反应是什么？只要外面一说你不好，你就倒在地下，萎靡不振；只要外面一说你很好，你就欢呼跳跃，这就是小我。如果允许生命按照精神胚胎的指引，经历完整的成长，你的精神胚胎永远跟你的自我合在一起，因为自我是包裹进精神胚胎的。

我们要说的是，生命生而具有完整的人的雏形。我们需要做的是，为儿童创造爱和自由，规则与平等的外在环境，协助儿童经历完整的成长，建构自我，成长为完整的人。

自己做自己的主人

文·孙瑞雪

完善的自我是安宁的、安然的、
清明的、喜悦的、理智的、智慧的、和谐的。
至少有两样东西可以帮助你成为自己的主人以完善自我：
内在的力量和爱。

自己做自己的主人，意味着一个人从出生开始，他就是他自己身体的主人，是自己情绪的主人，是自己感觉的主人，是自己心理的主人，是自己认知的主人，是自己精神的主人。他的身体、情绪、感觉、心理、认知、精神不受外力的支配和压迫。

从刚出生就做自己的主人，他用什么来做？是什么可以使一个婴儿知道自己该做什么？

自己是谁？你是什么？

自己是谁？你是什么？（而不是你拥有什么！）

当你刚出生时，你看上去是身体的，而最核心的是你拥有精神胚胎，你同时还拥有情绪和感觉，然后不可遏制地发展出心理的、认知的、精神的，这是一个人拥有的完整的资源和雏形。你依靠你的“精神胚胎”（或者称为“存在”）的指引，借助于环境，运用你的身体、情绪、感觉、心理、认知，上升到精神，统合并创造一个完整的、人性的你自己。你拥有这些，创造着这些，发展着这些，最终你创造出了一个可以管理和主导自己，一个可以独立和自主的自我！

自我依靠精神胚胎，借助外在和内在的环境，将其人性化，建构起一个有序的内在环境的系统。依靠先天的精神将外在和内在的环境内化，创造出一个独特的、完整的、系统的、统一的人。

做自己的主人，就拥有了自己创造自己的权利

自己创造自己意味着不把创造自己的权利交给别人，意味着不被他人强制性地闯入你的内在而塑造你，意味着不成为任何人的复制品。让孩子成为他自己，这是人成长的最核心，也是教育的最核心。

我有故“我”在！他们都不是“我”，这些都是“我的”，但不是“我”。就好像心脏是身体的一部分，但不是身体本身；脑是身体的一部分，但不是身体。儿童是依靠分离出去的事物来发现“我的”：从我身体里分离出去的，在我身体之外的，你的、你们的都可以发现，但尚未分离出去的、还和我在一起的，只有当自我形成后，才能够从真正意义上发现。

情绪是我的一部分，但不是我；感觉是我的一部分，但不是我；思维是我的一部分，但不是我；精神是我的一部分，但不是我。这又是

一次巨大的飞跃，这个飞跃是一个内在系统真正自我完善的过程。这样我们就容易理解，大量的成人为什么会误以为“我的情绪”是“我”，“我的感觉”是“我”，“我的心理”是“我”，“我的思想”是“我”……

在生活中，如果我们回到我们的内在，我们发现的应该是这样：我们有时是情绪的，有时是感觉的，有时是思维的，有时是心理的，有时是精神的……由于我们把它们看成我们自己本身，所以它们便常常变换着统治我们。所以，一会儿我们被情绪控制了，一会儿我们被心理控制了，一会儿我们被头脑控制了……就像我们很多人的生活一样。有时我们被别人控制了，有时我们控制了别人，有时被外在环境控制了……内在也有着“权力斗争”，我们的内在也常常相互控制着，“政变”“篡夺王位”，这就是我们内在的挣扎和焦虑。

自我才是我们自己

以往，我们还未能像分辨物质世界那样，对我们的内在世界有一个清晰明确的认识。那时我们甚至不知道它们的名字，就如同300年前我们基本不知道自然界，但已经开始并且不断地探索自然。今天我们同样需要像探索自然界和宇宙一样探索我们的内在世界；像认识自然界那样，我们为内在世界命名并明确意义，然后去发现它们彼此的关系和内在世界背后的秘密。这正是受益于我们正好进化和发展到了这个时期，如同现在我们受益于互联网一样。

就像食物是针对我们的身体，物质世界是针对我们的认知，音乐是针对我们的心灵，外在的世界是针对我们的内在。它如何纳入我们的生命中，和我们和谐相处，并创造一个更为神奇的内在世界，这需要我们内在的环境帮助我们达成。我们被设定时，也被赐予生命内在的宝藏和风景，用来创造“自我”和安慰、滋养我们的心灵，这是我们生命内部的生长环境的需求，就如同我们对外在世界的物质需求一样。

我们的身体、情绪、感觉、心理、认知、精神，在18年中，在特定的时间和外在环境中，会出现敏感期。何时发展，何时在某个敏感期成长，何时协调，何时统合，何时整合，都需要遵循自然法则。只要内在和外在的环境到位，在设定的时间，它们就会帮助我们创造、整合、建构一个独一无二的自我。

我们如果被一间房屋关住，就会走不出去。我们还没有理解到，假如我们内在的发展出现问题，也会被我们内在的环境关住。身体、情绪、感觉、心理、认知，其中任何一项出现了障碍，都可以把我们关在里面。只不过，我们不把它称为关人的房子，而是把内在称为模式——我们就从某种模式中出不来了。只有我们到达精神的层面，我们才可以说我们自由了。因为跨越了精神，心灵是自由的，自我就会被创造出来。

这是一个十几年、几十年的漫长过程。如果没有自由——事实是大多儿童没有自由，即他们做不了自己的主人——儿童就会出现成长中的焦虑和固着，于是导致了我们成长后的残缺，我们称为不完整。

人无自我意识，就会沦陷到强制和服从、控制和依附的斗争层面。没有自我意识的人，内在是一个无法填补的黑洞，需要填充的食物必定是恐惧、缺失、索取、贪婪、自私、狭隘……

起点

完善的自我：内在的力量和爱

当自我已经长大，已经完成时，人就开始走向完善的旅程。

完善的自我是安宁的、安然的、清明的、喜悦的、理智的、智慧的、和谐的。至少有两样东西可以帮助你成为自己的主人以完善自我：内在的力量和爱。

依靠你内在的力量的帮助，可以获得成为自己主人的自由。获得充分的爱的孩子，也能够做自己的主人。他们都能找到自我，但完善自我，歌德说，可能需要魔鬼靡非斯特的帮忙。魔鬼未必会来帮忙……还有一个帮你自我完善的东西，那还是爱！

我们要大概阐述一下公众共同的词汇——儿童的成长和发展。我们常常说，儿童成长了，儿童发展了，这两个概念在基本的含义上可以说是一个。如果我们给它一个确定的概念的话，那么用卢文格[1]的概述是最准确的：“发展是由一种新结构的获得或从一种旧结构向一种新结构的转化组成的过程。”这种内在结构的形成是在生命内部发生的。这有些像皮亚杰的认知结构一样。但如果从精神的发展角度来看，生命的里面从无到有经历了一个自我创造的过程，所以使用“创造”这个词在精神的含义上可能更为准确，而成长是指自我萌芽、诞生、形成的过程。

自我是我们内在的王者。为了孩子，让王者归来吧。

---

[1] 简·卢文格，美国华盛顿大学心理学教授，自我发展心理学家，代表作有《自我的发展》等。

走进儿童的成长世界

身体，走向完整的起始

“想哭就哭一会儿，妈妈陪着你”

当自己有情绪时，如何不伤害到孩子

倾听孩子情绪

感觉是儿童认识世界的天赋工具

认知和生命分离，对孩子意味着什么

孩子的心理，你能觉察到多少

你能说出自己的心理需求吗

走进精神生活

以自己真实而独特的样貌活着

起点

身体，走向完整的起始

文·安长喜

身体的自由是走向人的起始！

自由使用和支配自己的身体，不仅能发展身体，

同时也能发展儿童的情绪、感觉、心理、认知与精神。

禁锢一个人，无疑是从身体的禁锢开始的。

或者说，如果身体被禁锢，儿童就丧失了自己。

——孙瑞雪

在过往的经验里我们发现，身体的存在和身体的智慧是最容易被忽视的，而被看见的仅仅是基于生存层面的身体。也恰恰是为了生存，父母们都曾不遗余力地把保护和照顾孩子的身体放到了最大。这导致大量儿童在成长过程中，把生命的能量仅仅锁定在这样一个生存的层面。这样一种状态延续到教育和生活的每一个角落，也延续到成人和儿童之间的关系中——过度的保护和照顾。这样的关系制约了一个生命系统完整的发展和成长。

我从护士手中接过刚出产房的儿子，便发现一个非常细微的能量：儿子只要嘴巴微微一张，紧接着就会带动他的头向左或者向右缓缓地扭动。就在他张嘴的瞬间，我能非常清晰地感觉到他的手指在微微地动。在口和手之间，一股无形的力量连接着它们。发现这些，我即刻解开了包裹孩子的“蛹”。当他的身体自由了，手就有了机会……

在那之后的一段时间里，我不知道孩子的手是无意识的，还是有意识的，但能感觉就在他的内在，有一股力量驱使着他，去唤醒和发现他身体的每一个部分。他的手突然上来搭在自己的肩膀上，然后落在那儿似乎再也没有力气挪动，过了一会儿又滑了下去；有时啪一下打在自己的脸上，把自己打哭了……不到一个月的时间，儿子就可以非常精准地把大拇指放到自己的嘴里，非常安静又满足地吮吸着……

手被自己发现了，脚被自己发现了……

孩子在唤醒和发现自己的这一过程中创造着自己，而这一历程必须依赖于自由。

阵雨过后，2岁的儿子以自己的最快速度冲出了单元门，眼前有一小块种花的土地被雨水漫过之后，视觉上跟以往不一样。他二话没说直接冲了进去，结果越走越重，越陷越深，直到两条腿全都拔不出来为止。他站在泥潭中央，纹丝不动地看着自己深陷其中，既惊讶又不解地观察着这一切。忘了这中间过了多长时间，他突然从这个情景中走了出来，扭头看着我，示意把他捞出去。他在草地上走了两步，停下，然后低头看看自己的鞋，然后又走几步，停下，再看一看，几次之后，他总感觉跟之前有什么不一样。最后他蹲下来，用手开始弄他鞋上的泥。

就在他蹲下弄掉泥的时候，他又开始玩泥，似乎已经忘记了前一刻需要干什么……十几分钟过去了，玩着玩着，他的意识好像突然从手中的泥巴中走了出来，抬起头，长吁一口气，站起身，又开始漫无目的地往前走。

正好走到路上积的一摊水前，他便踏了进去。刚开始是轻轻地走，接着在水里站了一会儿，低着头静静地看着，突然头使劲往上一抬，他的一只脚也跟着抬起来又踩下去。然后，他再使劲抬头，脚再跟着抬起来又踩下去。他在用他的头带动着他的身体往起跳，然后越跳越快、越跳越快，在水里面乱跳，水花四溅。水溅到脸上的时候，他愣了一下，然后又加速跳，每溅到脸上一次，他就兴奋一次……他沉浸其中，发出铜铃般的笑声。最后，他开始在水里以自己最快的速度奔跑，缩着脖子，蹚过去又蹚过来……那一刻，似乎这一摊水就是他的世界。

这让我想起每次在下过雨之后，学校里的孩子挡都挡不住地往积水里冲。你会发现，冲到积水里面年龄越大的孩子，他身体的姿态就越灵动。那时我很好奇，为什么孩子们都喜欢这样玩？你冲一下，我冲一下，你再冲，我也冲，或者大家一起冲，在里面跳得不亦乐乎，把自己的鞋、衣服全部跳湿了，但无比喜悦。直到有一年，我在一所高校的湖旁看到一幕：几只野鸭在不断地玩一种游戏——飞起来，再以最快的速度俯下身子冲向水面，然后在接触水面的一瞬间两条腿向前一蹬，用脚掌踩在水面上滑翔数十米，有的滑得更远。那一刻感觉太美了，就像在海浪上，身体矫健的踏浪者在玩冲浪一样，非常刺激又很优美。这让我联想到孩子似乎在水面上体验的就是这种滑翔般的感觉。

大概是累得跑不动了，儿子停了下来，看着自己的鞋，突然发现鞋上的泥几乎没了。这个发现让他颇为震惊，然后继续呆呆地看了半天，好像发现了什么，又蹲下来观察了一会儿，最后他伸出手，撩起水洒在他的鞋上，并用两只手擦洗着鞋面上剩下的一点泥巴。显然，他的手不是那么灵活，但这个预设的完整的系统好像从他的身体冲出大门的那一刻起，便已经开始启动了。

在此阶段，我们看到的儿童，他的生命特质就是浑然一体的。也就是说，对于一个孩子来讲，他的身体本身就是情绪，就是他的感觉，就是他的心理，就是他的认知，也是他的精神。

“想哭就哭一会儿，妈妈陪着你”

文·段武宽

在0～6岁阶段，情绪认知是最重要的认知，
它甚至比认知外在世界更为重要。
因为这是早期儿童建构自己生命的一个重要途径和首要任务。
认知情绪会帮助儿童建立自己和自己的关系，
帮助儿童进入自己的内心世界，
儿童也需要借此得出他内在世界对外在世界的反应。
——孙瑞雪

今天是周二，晚上开会、学习。因为毛爸在外地出差，所以毛毛（7岁）只能跟着我。刚开始开会，她进来找我，说要买吃的，我给了她5元钱，并告诉她出大门时要和门房伯伯说一声，回来后进来告诉我一声，她答应了。

15分钟过去了，她还没有进来，我有些担心，便出来到院子里等。又等了5分钟，她还没来。我来到学校院子最南边，从那儿可以看到她回来的那条路。又过了两三分钟，终于看到了她，我喊了她一声，她站在

院子外。

“妈妈，你着急了吗？”

“是的，妈妈有点担心。”

她的脸上有一种失落感。

“你怎么了，毛毛？”

“丢了一块钱。”说着有点想哭。

“没关系的，丢了就丢了。”

“妈妈，这是我送你的生日礼物！”毛毛兴奋地举起一支黑色笔。

“噢，谢谢你！没想到生日的第二天还能收到礼物。”

我的感谢并未让她开心，她仍然带着那个失落的表情。

“你进来吧，妈妈到大门那儿等着你！”

到大门后，她仍然很失落。我说：“毛毛，妈妈抱你一会儿！”突然间，她开始哭泣，我抱着她，心里想着里面的学习，又觉得更应该陪着哭泣的女儿。我让自己调整好，别再想着开会学习的事。女儿在我怀里一直在哭，我问她伤心难过的原因，她一直摇头，我说：“想哭就哭吧，妈妈陪着你！”她点点头，继续伤心地哭着，似乎身体里的每一个细胞都浸润着悲伤。

过了大概十几分钟，她的哭泣渐渐变弱了，我又问她：“你是因为丢了一块钱而难过吗？”

“不是。”

“那为什么呢？你能告诉妈妈吗？”

“因为你收到礼物时，没那么高兴。”

说完她又哭起来。我内疚地看着她，然后羞愧地为自己的粗糙道歉。她哭得越发伤心，我温柔地搂着她，哭泣的风暴渐渐平息下来。

“毛毛，刚才妈妈看到你送我的那支笔是黑色的，的确有点失望。你感觉到妈妈的失望了，是吗？”

她点点头，眼睛又红了。

“对不起，妈妈向你道歉！你原谅妈妈的粗糙，好吗？”

“嗯。”

我搂着她，用手抚摸着她的后背。慢慢地，她平静了下来。

“现在，你还那么难受吗？”

“好点了。”她紧紧地搂着我。

过了一会儿，她说：“妈妈，你去开会吧！我到办公室去写作业。”

她跳下来，向我挥挥手，向办公室走去。

当我们在生活的道路上匆匆奔波时，孩子的哭泣不但不能让我们停下脚步，还会使我们心烦意乱。我们并不知道，哭泣的过程是一个疗伤的过程。孩子用哭来调整自己，愈合自己曾经受到的感情伤害。如果让他们独自哭，他们会陷入孤独、无助、自怨自艾的境地，而我们耐心的陪伴和倾听则会让他们获得支持和勇气。一次尽情的哭泣之后，孩子会重新焕发出激情，积极地投入生活。所以，陪伴和倾听就显得尤为重要。

作为倾听者，我们应注意以下几点：

1.保持自己情绪的稳定，确定自己此刻拥有爱的能量；

2.搂住孩子，接纳他的哭泣；

3.让孩子感觉到自己的爱；

4.在适当时机，了解孩子哭泣的原因；

5.耐心地倾听，无须评判；

6.全心全意地陪伴，直到孩子情绪平静。

当自己有情绪时，如何不伤害到孩子

为儿童提供一个良好的情绪环境

文 · 段武宽

在爱和自由的教育里，成人作为儿童成长发展的生态环境而存在，我们为儿童所提供的情绪环境也包含其中。我们期待自己的孩子生活在一个平和的情绪环境里，希望孩子在自己情绪发展的过程中，能够得到来自成人的、平和的、成熟的情绪帮助和滋养，平静祥和地走向自己情绪的深处，从而安宁地长大，安然地生活。

但当成人处在情绪中时，我们会常常忘记觉察、管理自己的情绪，用自己的情绪与孩子相处，让孩子生活在我们的情绪之下。许多时候，我们还会跨越情绪的界限，侵入孩子的内在空间。

坐公交车时，听到一个妈妈对着自己3岁多的女儿说：“你怎么这么讨厌！”当孩子伤心哭泣时，妈妈又带着满脸的愤怒对孩子说：“你再这么讨厌，我就不要你了。”

从妈妈的情绪和话语里，孩子可能收到的信息是：

起点

我不好，

我很讨厌。

因为我讨厌，妈妈不想要我了。

3岁多的孩子，还没有能力去判断妈妈的情绪来自何处，更多的时候，他们会因为成人情绪化地对待自己而认知自己，陷入悲伤而哭泣。如果一个孩子长久地生活在成人起起伏伏的情绪环境里，为了求得自身的安全，就被迫学会了看脸色行事，学会了小心翼翼，学会了迎合和讨好。

当孩子逐渐长大，他们的能量逐渐强大，在耳濡目染中，他们自然就学会了用情绪回击成人，在情绪的冲突中不断消耗彼此。

曾经在办公室见到一对来填表报名的母子，7岁男孩的情绪很大，一直对妈妈说着负面的语言，而母亲则一声不吭地盯着孩子（感觉她内在有一股愤怒的情绪）。孩子的愤怒越来越大，最后说出一句诅咒的话："你就在这儿写吧，我再也不想看见你了！"然后摔门而去。

妈妈内在有很大的愤怒，但外在却遮掩那份愤怒，显得淡漠平和。也许是因为妈妈当时处在一个特殊的环境里，所以表现出来一种克制。但妈妈的能量是欺骗不了孩子的，如果常常面对这样的情绪和能量，孩子会怎样呢？

紧张、愤怒、防御、攻击……

当孩子总是处在情绪中时，他们就无法专注于自己的成长和发展。如果长期处在不良的情绪环境中，儿童由此形成的阻碍不仅影响其人格的发展，还会使儿童偏离成长的自然法则。

我们希望自己保持良好的情绪，但因我们自身也曾在各种各样的情绪环境中长大，缺少倾听和指导，习惯性情绪应对已成为我们的一种模式。在这种模式中，我们的情绪越来越多地处在无意识的状态，这种无意识状态无形中成为儿童的环境。

当家长自己有情绪时，如何不伤害到孩子？

现在，我们需要学习如何觉知自己的情绪，如何管理自己的情绪，从而学习为孩子创造良好的情绪环境。

学校安排了家长课堂，学习“如何倾听儿童的情绪”“如何倾听父母的情绪”。通过学习，家长们在生活中反复进行练习，不仅尝试着觉知、管理自己的情绪，并尝试在有情绪时，向孩子真实一致地说出自己的情绪：

> “妈妈（爸爸）现在有情绪，需要自己调整一下，然后再陪你玩。”

当孩子每一次得到情绪的真实反馈时，他就不会因为猜测而不安或愤怒，他会逐渐理解并从中学会用同样的方式去处理自己的情绪。

记得有一次与一个二年级的小男孩沟通，当我问他生气时怎样处理自己的情绪时，他说：“我打过靠垫，撕过报纸，最厉害的一次我跑到学校围墙那儿，对着墙和天空大吼了几声。”

我问他：“怎样学会这些方法的？”

他说老师和妈妈都教过他，因为不能用自己的情绪伤害环境、他人和自己。

然而在实践中，家长又有疑惑：当自己有情绪时，可以觉察到，也可以对孩子表达，但当孩子不配合时，家长的情绪会再一次被触发，这该怎样解决呢？

我们试着来给管理情绪写个流程：

1.当情绪出现时，深呼吸，觉知自己的情绪；

2.告诉孩子，此刻“我”真实的情绪是什么，“我”需要时间和空间调整；

3.如果孩子接纳，试着独处调整自己；如果孩子不接纳，觉察自己是否又产生二次情绪，尝试着向情绪叫停；

4.再次深呼吸，内观自己当下的情绪；

5.看着自己的情绪，给自己一些时间，等待情绪慢慢消散，直到平静；

6.平和地陪伴孩子，与孩子沟通。

一次次的练习中，我们能逐渐觉知并管理自己的情绪。如果我们对自己的情绪有一个清明的认知和觉察，我们就能为孩子提供一个清明的情绪环境。在这个环境里，情绪不再成为“武器”，而是内在感受的外部呈现。我们的清明会使身处其中的儿童对情绪自然地清晰起来，就如同畅游在清泉中的鱼儿：鱼是鱼，水是水，既交融，又独立。

感觉到的一瞬间，感觉到的世界就被打开了。

感觉帮助儿童发现着外在世界，也帮助儿童发现着内在世界。

离开感觉，“教”出来的成长，只会建构一套认知与生命分离的系统。

儿童所掌握的东西就是知识，无法形成智力。

而分离则会导致一个和自己的生命不融合的虚假系统。

倾听孩子情绪

文·雷雅岚

孩子从爱和自由幼儿园毕业去了一所小学，但我还没有从中毕业。一次刚上完薛梅老师主讲的“倾听孩子情绪”的课程不久，孩子就发生了一件事，我将它记录下来，以便对自我学习进行配对（括号中的内容是我的注释）。

第一次的对话

妈妈：宝贝，妈妈发现你有些难过。（观察与发现）

儿子：老师说我画得乱七八糟。（存在感）

妈妈：你很难过，是吗？（为情绪命名）

儿子：是的。

妈妈：嗯，妈妈感受到了，妈妈陪陪你。（认可孩子的情绪并陪伴）

一周后的对话（雷雷每周一次美术课）

儿子：老师说我画的什么也不是。

妈妈：你是专注地完成的吗？

儿子：是的。

妈妈：专注完成就好。（不对老师评判）

妈妈：你希望我去和老师谈谈吗？（愿意让孩子感受到妈妈的支持）

儿子：算了，不用了。（或许还没有勇气面对老师，或许孩子还觉得能接受，不需要妈妈出面）

妈妈：那你如何解决？（让孩子面对问题）

儿子：我去找找校长或者我们班晶晶的爸爸——他是主任，他们可以让老师下岗。（窃喜孩子可以开始看向外环境，明白有上下级关系）

妈妈：嗯，可以试试。（但内心有担忧，老师不精准的语言会破坏孩子主动学习的兴趣，但尊重孩子的决定，先不找老师，再等等）

两周后的对话

儿子：老师说我画得不好，我很难过，都不想上这个课了。（情绪加深）

妈妈：那你找过校长了吗？（再次让孩子面对问题）

儿子：我不打算找了，等她下次再这样说时，我就告诉她："你知道你这样说会伤了我的心吗？"（通过等待，孩子有了更积极的方法）

妈妈：嗯，妈妈支持你，和老师直接沟通，这个想法好。（赞赏、支持和鼓励）

三周后的对话

儿子：今天老师夸我画得不错。（情绪喜悦）

妈妈：那你怎么看？（不评判老师的评语，让孩子面对问题）

儿子：是的，比上次画得好。不过，妈妈，我还发现老师也不是真的想骂我，她可能只是希望我可以画得更好一些，只不过她选择的语言和方法不好。（孩子看到了事情背后的真相，他成长了，至于老师真正的目的就不重要了）

妈妈：那你还需要去找她吗？（提出问题，看孩子对此事是不是真的已经放下了）

儿子：不用了，不用了，我了解她了。（完全的接纳）

妈妈：你真棒，处理了自己的事，也理解了老师。（倾听，陪伴，等待，支持以及不炫耀地赞美）

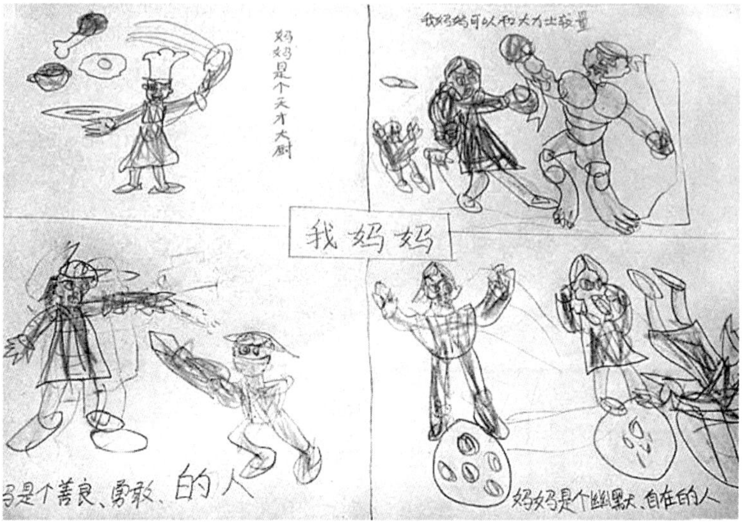

本文作品为雷雷同时期作品

整个过程，我陪伴孩子的方式就是倾听（倾听事件的经过，及孩子内在的情绪、感受）、重视（重视孩子发生的事情及感受）、同在（陪伴孩子度过难过的时刻）、理解（理解孩子的处境和内在感受）、支持（支持孩子的选择和目前的状态）、鼓励（鼓励孩子自己解决问题）、欣赏（对孩子面对和解决了发生的事情给予肯定）、等待（相信和尊重孩子，给予孩子足够的时间），并未替孩子“出谋划策”，讲道理给建议，更没有“打抱不平”。当孩子的情绪得到流动，感受到被爱、被支持与被接纳，并在我的陪伴和等待中集聚了力量时，他自己就将问题解决，并发现了事情背后的真相。

感觉是儿童认识世界的天赋工具

文·李燕

一个将近2岁还不会说话、被父亲怀疑是“自闭症”的孩子，来到了我的办公室，与我整整相处了一个下午的时光。他叫咚咚。

咚咚在办公室里四处走动，见到自己感兴趣的东西便会去拿来翻看。他自己够不着的，会拉着妈妈的手“嗯嗯”地示意妈妈替自己去拿，得不到满足时便会不满地发脾气或哭泣。这个将近2岁的孩子，始终不曾使用语言。

在和他熟悉几小时之后，我试图接近他。机会来了，他看上了我桌上的香蕉。他伸手就拿，但没够到。我拿起香蕉，看着他问道：“你想吃香蕉，是吗？”在和他说话的时候，我注意观察他的眼神和表情，咚咚第一次将目光聚焦到我的脸上，嘴微张着看着我，脸上似乎有一种不解还有一种好奇。我更加放慢语速，重复了一遍：“你想吃香蕉，是吗？”回应我的是一声含糊不清的回答。我笑着说：“我愿意将我的香蕉分享给你。”说着将香蕉递给了他。他懵懵懂懂地接过香蕉。他又遇到另一个困难——不会剥香蕉皮。我说：“我替你剥，好吗？”他立即将香蕉交给了我。剥的过程中，咚咚的妈妈示意我不要将整个香蕉给咚咚。可我依旧将剥好的整个香蕉递给了咚咚，他吃了一口便把香蕉扔掉了。咚咚妈说："我们从来不给他整个香蕉，他吃不了就会扔掉。"我问："咚咚从来没有吃过一个完整的香蕉？""是，他吃不了会浪费的。"咚咚妈说。

咚咚一会儿又对办公室里的暖瓶感兴趣了，他伸手就要去拿，我连忙抱住了他。我掀开瓶盖，让他看到里面冒出的热气，然后拉着他的手缓缓靠近热气，在他能感受到热气的温度时，把他的手迅速地拉回，并说"烫"。他的身体在我怀中缩了一下，回头怔怔地看着我，我再次重复"烫"。他又转向暖瓶，我们又重复了一次刚才的动作，我再一次说"烫"。他也用不怎么清晰的发音说"烫"（这是整个下午他第一次发出的一个有意义的音节），随后就挣扎着要离开。

他在屋子里又玩了一会儿，将注意力又转向暖水瓶，不过这一次他不是自己去"只身犯险"，而是拽着我的手让我去动暖水瓶。我有些了悟，掀开瓶盖，将手靠近热气，迅速缩回说："烫！"我惊讶地看到，咚咚在观察我的嘴形。我又尝试了一次，更加注意观察他，他确实在看我的嘴形，而且他也喜悦地说"烫"。这一次的发音比起第一次要清晰一些。其后，他又反复将我的手拉向暖瓶两次，情绪愉悦。

咚咚要喝水，妈妈并没有把水壶交给他，而是自己扶着水壶咚咚支着嘴巴喝，不时有水顺着孩子的嘴角流出。我对这种喝水方式很疑惑，妈妈解释说，咚咚会扔水壶的。我示意妈妈将水壶交给咚咚自己拿着喝，结果咚咚洒在身上的水更多，且喝完后将水壶随手扔在了地上，毫无感觉。

在其后与咚咚妈妈的交谈中，我进一步了解了咚咚的成长情况。在家长带养咚咚的过程中，除了游戏时咚咚拥有自由外，其他真实生活中的事情，父母都按照他们的观念照顾。例如，孩子不曾得到过完整的水果，因为怕孩子浪费；生活中很多东西不让孩子去触碰，担心物品弄坏或是伤到孩子……父母却不知道，这样的照顾在无形中剥夺了咚咚认知世界的机会。

儿童身体的感官得不到练习与使用的机会，于是它们（感觉）开始沉睡，这直接导致儿童各个方面发展的滞后。孩子因为被成人阻隔在真实世界之外，于是逐渐将自己困在自己的一方天地中，除了生理的需求，越来越表现出对自己之外的人或世界的兴趣缺失。就如咚咚，在进办公室近3小时之内，从不主动将目光聚焦到我这个空间里唯一的陌生人的身上。语言在咚咚生活的世界实在是“抽象”，因为它没有和咚咚的感觉配对过。当咚咚的手触碰到热气，同时听到我说出“烫”这个词时，感觉与现实世界的碰撞，一个词开始变得有意义，所以咚咚反复地练习并表现出愉悦的情绪。

儿童天生是会学习、喜欢学习的，而感觉是儿童来到这个世界天赋的学习工具。如果有人执拗地剥夺了儿童的这项天赋，那么他就在无形中为儿童与真实世界设置了障碍，迫使儿童走向幻象或是封闭。

兴趣是儿童认知发展和一切关系的起始，也是专注力和意志力产生的起始。

在兴趣的内驱下，儿童开始感觉、知觉，逐渐走向经验，得出一个概念，然后将概念整合成一个有序的系统。

这是儿童正常的认知过程。所谓的强化训练，对孩子来说意味着创伤、障碍和附加物。

认知和生命分离，对孩子意味着什么

文·薛梅

院子里，听到迪迪的哭声，我走上前去。看到我，迪迪马上说：“打人是粗野的行为。打人是粗野的行为。”我蹲下来询问：“迪迪，请告诉老师发生了什么事情。”“打人是粗野的行为。打人是粗野的行为。”迪迪仍然重复这句话。我尝试再询问，但迪迪依旧重复着这一句话。

我询问旁边的恩恩，才知道了事情的始末。孩子们喜欢用轮胎来玩做房子的游戏，迪迪用2个轮胎来做自己的房子，恩恩用4个轮胎做自己的房子。迪迪想从恩恩那里拿一个轮胎加到自己的房子上。在恩恩离开自己的轮胎的片刻，迪迪冲了过去准备拿恩恩的轮胎。看到这一情景的恩恩，着急地跑回来打了迪迪。挨了打的迪迪大哭起来。

看到迪迪一边哭一边仍旧重复着说“打人是粗野的行为”，我感觉到此刻的迪迪脑子里只装得下这一句话，再感觉不到任何事、任何人，包括他自己的存在。这句话的不断重复和他的生命本身是分离的，他没有能力让自己回到当下的感受，把当下发生了什么，以及自己的感受表达出来。

我想引导迪迪回到自己的内在，和自己的感觉在一起，和自己的情绪在一起，自己能够认知“打人是粗野的行为”这一规则。

于是，我调整了询问的方式：“迪迪，刚才恩恩说，你拿了他的轮胎，是这样的吗？”

“是的。”

“你想拿他的轮胎是吗？”

“是的。”

“那然后发生了什么？”我期望迪迪能自己说出来。

“我去拿，恩恩打我。”

“我看到你现在很难过，是吗？”

“是的，是的，我很难过。”

“因为他打了你，让你很难过，还是因为你没有拿到轮胎，让你很难过？”

“打我让我难过。”

“哦，因为他打你了，所以你很难过。”我重复他的话。

迪迪点了点头。

“现在，我和你一起去找恩恩解决问题，好吗？”

迪迪没有回答。

“你还是很难过，还想哭，是吗？”

“是的。”迪迪又哭了一会儿，逐渐平静下来。于是，我带迪迪去找恩恩解决问题，请恩恩向迪迪道歉，迪迪原谅了恩恩。

了解了迪迪的成长背景，我才知道，迪迪的父母在生活中总是给迪迪灌输一些道理和规则。在发生事情时，父母就立刻给孩子讲道理，急切地想让迪迪知道什么事可以做，什么事情不可以做，从来不管孩子当下的感受、情绪，从来没有给迪迪时间和过程让他自己去认知事情的发生与发展，结果导致许多规则性的话种在了迪迪的头脑里。父母认为迪迪理所应当学会了这些道理，应该能够遵守规则。实际上，由于这些规则与道理和迪迪自己的生命经验是没有关系的，不是迪迪自己通过认知的过程而形成的，就出现了现实中的迪迪每每遇到规则性的问题时，只能机械地重复规则，而无能力解决。

当我在不断地引导迪迪回到他的感觉中、情绪中，描述事情的过程时，我同时也是在努力帮助迪迪重新找到自己的感觉，重新经历从感觉到心理，再到认知的过程。当孩子经历这些内在的过程之后，老师说“打人是粗野的行为”，孩子是能够清晰老师在说什么，这句话的含义是什么。此时的这句话正好和孩子的内在感觉配上对，孩子就对这句话有了新的认知，这个规则就成为孩子生命的一部分。

孩子是在发生事情的过程中，来认知事情的。和孩子解决问题，一定是先倾听孩子的情绪，让孩子的情绪流淌过去，孩子就会回到感觉上，感觉事情本身，感受自己。心理感觉着，逐渐形成意识，心理就接纳这个事情。当逐渐形成的意识上升至认知层面时，儿童自己对事情有了清晰的认知，就能把握事情的本质了，儿童的生命就有了进一步的发展。

孩子的心理，你能觉察到多少

文·李燕

儿童的生命，是全方位的开放，全然的接纳的状态，所以儿童不存在不接纳的问题。

只是接纳有时是快乐的接纳，有时是痛苦的接纳。痛苦不会阻止孩子接纳，犹如摔痛不会阻止孩子走路一样。但当儿童被强制时，当儿童还没有情绪的支持和慰藉，或者儿童没有感觉到爱还被指责时，接纳的心理路程就被阻碍了。

哲哲端起我的水杯，将里面的凉白开一饮而尽，然后意犹未尽地说："妈妈的水真甜啊！有妈妈的味道。"听到这诗一般的语言，我内心一阵感动，儿童真的就像天生的诗人。于是我抬起头，对他笑笑。哲哲立刻将自己刚说的话又重复了一遍，并且看着我。我知道，哲哲读懂了我刚才的表情，但他需要证实，于是我说："哲哲，你刚才说的话就像诗歌一般优美。"哲哲满意地笑了，爬下椅凳离开了我的办公室。

并不是我的赞美让孩子满足，而是我说的话与他的心理感受配上了对，也就是说，我感受到了他的心理感受，并且一致地说了出来。儿童需要这样内外一致的表达，合一的感觉让儿童更加清明。

儿童的内心是清澈的，一旦有问题出现它就会表现出来。成人只要随时保持觉察，就会明白儿童的每一个当下的心理需求。

贝尔和馨儿一同来到校长办公室，贝尔选择了自己最爱的位置——那个能看到窗外婆娑树荫的地方，馨儿靠着她也坐了下来。窗外的阳光洒落到贝尔的黑发上，她的头发散发着丝缎般美丽的光芒。“哇，贝尔，你的头发好漂亮啊，就像绸缎一样。”办公室一位老师由衷地赞美道。贝尔摸了摸自己的头发说：“我妈妈给我剪的。”并且轻轻甩了甩自己柔顺黑亮的头发，显然很享受这份赞美。一旁的馨儿看了看贝尔的头发没有说话。过了一会儿，馨儿突然拽贝尔的头发，并且把贝尔的头发拨得很凌乱。贝尔往一旁挪动了一下，重新整理好自己的头发，让它美丽依旧。而馨儿再次靠近贝尔，又一次去拽贝尔的头发，于是贝尔推开了她。这时，安老师说：“馨儿，你的红靴子好漂亮啊！”话音刚落，馨儿马上站了起来，两个脚跟一碰，并优美地转了一个圈，说：“这是我妈妈新给我买的。”脸上浮现出满足的神情。接着，她又一次让自己的小红靴发出了响亮的声音，所有人的目光都被吸引到了她的脚上，而馨儿满足地沉浸在大家的注视之中。

馨儿的内心需求得到了满足，因此停止了攻击贝尔的行为。我们来看看馨儿的内心活动：当老师赞美贝尔时，她感觉到自己被忽视了，内心的失衡产生了小小的妒忌，于是她开始去拽贝尔的头发，让自己不平衡的心理能量有一个出口。安老师捕捉到了她的心理需求，立刻赞美她的靴子，这让馨儿的内心需求得到了满足，自然具有侵犯性的行为就停止了。

如果老师没有发现馨儿内在深层次的需求，仅仅是发现她伤害别人的行为而予以制止，表面上解决了问题，实际上并没有关注到儿童的心理，问题依然存在，只是此刻被压抑了下来。那种不平衡的心理感受就此留驻在这个孩子的身上，当生活中再次出现类似的事情时，儿童的不平衡感就会浮现出来。那种感受就像滚雪球一样，越滚越大，逐渐就会变成一种心理问题固着在她身上。当她成人之后，这种心理固着就会成为她生命的一部分。

你能说出自己的心理需求吗

文 · 薛梅

她用哭声威胁老师，

她用情绪达成自己的目的……

成人如果对自己的心理没有觉知的话，会让孩子形成心理障碍。我分享几个事例来说明，成人在无意识中是如何影响着孩子心理发展的。

你需要把你的需求表达出来

一天下午5点多，老师已经在做环境准备了，突然走廊外面传来了小朋友的哭声。我于是顺着哭声走过去，看到美工区里有一个老师正低着头在准备材料，一个小女孩坐在老师旁边的地板上，对着老师，仰着头在大哭。奇怪的是，哭声中没有伤心也没有难过，也感觉不到愤怒和害怕。哭声感觉更像在示威，在要求，还有些威胁的感觉。

我就很好奇地看着小女孩。小女孩哭一哭就低下头来看看老师的反应，看到老师没有回头看她，她就会继续大哭。又哭了一会儿，她发现老师还是没有回头看她，她就停了下来。这时，我看到小女孩虽然哭了一会儿，但是没有任何眼泪，我一下子明白了，她原来在用哭声威胁老师，在使用情绪达成自己的目的。而且我发现，老师其实很清楚小女孩在用哭声威胁她，想用情绪达到自己的目的，所以没有理睬她。

过了一会儿，老师走到了旁边的拼插区，小女孩看不到老师了。她大概因为一直没有看到老师理睬她，现在老师又离开了，便有些焦虑，于是仰着头准备继续哭，我就对她说："宝贝，你怎么了？把你的需求说出来。"

她有点惊讶地看了我一眼，不说话，又仰着头准备要哭。我继续对她说："宝贝，把你的想法说出来，老师才能知道。"

她看了我一眼，没有理我，又准备哭。我看着她说："宝贝，你想通过哭的方式来达成你的目的，这招不管用了，因为老师已经很清楚你现在使用的方式。你需要把你的需求直接表达出来，这样的话，老师才能回应你。"

听到我的话，小女孩就停了下来看着我。我问道："你怎么了？"

她说："我就想让老师现在抱我。"

"你想让老师现在放下手里的工作关注你、抱你，是吗？"

她点点头。我走过去，看到老师正在忙着准备材料，这会儿是没有办法抱她的，于是我对小女孩说："老师正忙着准备材料，现在没有时间来抱你。你如果想让老师抱你，你需要等一会儿。"

小女孩听了我的话，点点头不说话了。可能由于太晚了，妈妈还没有来接她，她有点焦虑，便带着有点期盼和委屈的眼神看着我说："老师，你可以抱我吗？"

我说："可以呀，我现在有时间。"

她点点头，于是我就把她抱了起来。

我不知道该如何拒绝他们

一次，我们去幼儿园检查工作。幼儿园会议室的桌子上放了一些水果、零食和糖果，有个小朋友路过会议室的时候发现了桌子上的食物，就带着两三个小朋友一起来到会议室里面，想要分享糖果。正好我和园长在会议室里谈一些工作上的事情，有个小朋友就问园长，这些食物是谁的。

园长说："是给检查工作的老师准备的。"

小朋友又问道："可以给我分享一颗糖吗？"其他孩子也马上说："可以给我分享一颗糖吗？"

园长说："这些糖不是我的，我不能给你分享。"

小朋友又问道："那谁能给我分享？"

园长愣了，犹豫了半天说："现在不能分享。"

小朋友听到后，反应极快地说道："那什么时间可以分享？"

园长没有料到小朋友会接着问这句话，一下子卡在那里，好半天才有点犹豫地说："下午4点以后吧。"

小朋友听到了，欢呼着就离开了。

我很好奇地问："园长，我刚才看到你有些犹豫，你是不是觉得不应该给小朋友分享，但不知道如何拒绝小朋友？"

园长听了猛点头表示认同，她说："我也觉得这是给老师准备的，是不能给小朋友分享的，可是我不知道该如何拒绝他们。"

为什么成人不能直接说出自己的心理需求

从以上的两个例子中我们看到，小朋友其实对自己的内在需求是非常清晰的。可为什么我们成人不能够直接说出孩子的心理需求，或为什么不说出自己的心理需求呢？

我想原因是，很多时候成人是无法捕捉到自己的内在无意识的心理活动的。当我们自己无法觉察到当下的心理活动的时候，我们的头脑、心理、行为就不一致了，就陷入自己内在的纠葛与混乱中，把原本清明的孩子牵引进来，孩子就会跟着我们的步伐行进，致使孩子也陷入纠葛与混乱之中。

如果一个人长期头脑、心理、行为不一致，心理就会长时间地处于纠葛混乱之中，就形成了心理障碍。

也有可能是因为我们自己承受不了被拒绝，承受不了自己对孩子的拒绝，承受不了孩子被拒绝后可能出现的情绪，所以我们习惯于用一种迂回的心理方式和孩子相处。我们的这种心态太容易被孩子捕捉到了。

如果我们没有这样的心态，就可以明确地告诉孩子，老师爱你，但现在要准备材料，不能抱你，你自己可以先玩一会儿，等老师准备好材料后再来抱你，或者真真实实地告诉孩子，这些食物是给老师准备的，不准备跟小朋友分享。

我想孩子听到这样的答复后，可能会有情绪，可能会哭一会儿，但儿童会逐渐接纳这样一个现实。因为这个过程中老师的心理、想法、行为是一致的，没有纠葛和混乱，孩子就会接纳真实的现实，内在就会清明而有序，就不会造成一种潜在的心理障碍。

起点

儿童是天生的“精神贵族”，他们天然向往并敏感于精神。

成人的生活中缺少精神生活，这阻断了儿童精神生活对自己内在精神的呼应。

如果儿童不在身体、情绪、感觉、心理、认知的层面有障碍，儿童内在的机制就一定会到达精神。

也只有到达精神，才能创造出自我。

走进精神生活

文·安长喜

有段时间我常常步行回家。一次，下班回家的路上，走到十字路口等待红绿灯时，一位爸爸刹住自行车停在了我的身旁，车后座上坐着一个女孩，看上去10岁左右。从穿着看这是一对普通家庭的父女，不知道他们之前在谈论着什么，只听见女孩发出一声感叹："那为什么天和地离得这么遥远呢？"听到女儿的疑问，爸爸侧过身来，一只手搂了搂孩子的肩膀，停顿了些许，说："其实天和地并不遥远，在大地上方的一指间便是天空。"爸爸的话音刚落，一旁的我感觉一下子被爸爸的语言击成了碎片并停滞在那里，望着他们远去的背影，好久不愿离去……

那一刻，那句话，瞬间把我拉进了另一个空间，让我在这个空间放下了已知和经验，放下了审视和评判，甚至感受到"我"的不存在。

这位爸爸语言背后的精神和爱像一股暖流一样包裹着他的孩子，同时也包裹了我，让我对生命心生敬畏并深深地感动着。我感觉到爱在父女之间流动，感觉到了智慧，感觉到了平实生活中的精神之光。

精神生活是什么呢？我想，这对父女之间的对话就是一种精神生活，而我这个旁听者的体验也是精神生活。这种精神生活不是做出来的，而是就这样发生在生活里的。

当我们内在有一份对精神的向往和敏感，不断有这样的体验和觉察时，我们的精神就会不断地被唤醒，生命内在的结构逐渐变化，从而生活的模式也会改变。

现在，许多父母开始有意识地去做，去为孩子创设精神生活的环境。我想说的是：与其说如何去做，还不如说如何去发现。因为当你用自己的生命去发现的时候，你自身对精神就有了一种需求和了悟。当我们仅仅停留在操作层面的时候，你会觉得你在为孩子而做，你在为谁谁而做，这样就会将自己生命里所拥有的精神封住。

实际上，作为人的存在，我们天性中就有着对精神的需求和渴望，而我们现在要做的是唤醒自己生命内在封闭的这部分。我们唤醒这部分的时候，就会随时随地发现并体验精神生活，而不是隔离它、寻找它、制作它。那个爸爸和女儿生活中的一角再一次帮助我体验到了精神生活所散发出的能量，而这样精神上的体验取决于我们对生命的敏感和专注。他们的对话把我拉进了他们的生命之中，同时也让我体验自己的生命。

把我们对精神生活本身的理解再扩大一些。我们认为，儿童经常处在精神生活中。我儿子在开始学说话的一段时间里，学会了发“水”这个音。他发现“水”的发音和生活中的水是配对的，他就在家里到处发现水。一个月的时间里，他都在家里找水、认识水。有一天，我在洗手间找到了儿子，他正非常安静、专注地趴在坐便器上。我站在门口没敢打搅他。过了好长时间，他发出一个长长的音——“水”，紧接着手一下就下去了，捞了一把水，放进了嘴里。看到这个情景，我突然了悟到，在儿童的世界里，水就是水，不管是马桶里的水，杯子里的水，河里的水，他没有分别心。我完全沉浸在这个情景中，纠结不在了。这样的一种状态，体现出来的举动就是精神生活。而问题在于，作为父母，你有没有能力发现这种美。当我们作为家长，看到孩子这样的行为的时候，会产生多少念头、想法和举动?

儿童本身就是精神，儿童就是一位“精神贵族”。与其说如何给孩子创造精神环境，不如说让我们自己的生命敏感起来，能够觉察到孩子的精神世界，不要破坏孩子的精神生活。儿童生命的纯然，更加接近精神，儿童所展现出来的行为、语言、行动，本身就是精神生活。

回过头来，看看我们自己。我们在成长的过程中迷失了我们自己，丢弃了我们的精神，丢弃了我们来到这个世界之前生命的本源，而这一本源才是我们存在的意义和体现。我们不知道我们自己是谁，谁在做我们自己。这样的状态让我们再也看不到一个纯然的生命彰显出来的精神，以及精神之下的生活。

我们真正要做的是什么呢？专注，觉察。敏感于我们周围时时刻刻存在的一事、一人、一物，敏感于我们自己内在发生的一切。当我们开始去专注地觉察和感受我们生命中所有的存在时，我们的生命便开始改变。

唤醒我们自己，觉察我们自己，精神生活离我们并不遥远。

以自己真实而独特的样貌活着

文·沐宸妈妈

沐宸一转眼就长大了。

我说他长大了，不是因为他今年7岁，比去年大了1岁，是因为他在心理和认知上突然脱离了我的范畴，有了他自己。

“妈妈，你现在就在抱怨啊！”

这个变化被我发现，是在一个周末的早晨。我和孩子的爸爸因为一点小事，闹了别扭。爸爸迅速调整了自己来配合我，我却陷入了情绪。

临出门，爸爸说：“我去送你们。”

我不出声地穿鞋，往外走。

沐宸也在一旁穿鞋，一边穿一边说：“妈妈，爸爸在跟你说话。”

我头也不抬，说：“我现在不想跟总是抱怨的人说话。”

沐宸穿好鞋，来到我旁边，仰头说：“可是妈妈，你现在就是在抱怨啊！”

我什么也没说，被这毫无征兆的提醒带着，感觉整层楼都弥漫着我的抱怨，扑哧一声笑出了声。

他对自己的想法有了笃定下去的力量

沐宸在幼儿园比别的孩子多读了一年。他在第一年的毕业班跳蚤市场上，将所有的东西都标价100块，恨不得一夜暴富。

头一晚，我发现孩子没有零钱，就请爷爷给他20块的零钱，然后告诉他："沐宸，这个钱是借给你的，等你卖了东西，赚了钱，需要还给爷爷。"

沐宸本来高高兴兴地拿了钱，听我这么一说，很生气地说："才不要，好不容易赚了钱，为什么要给爷爷？给了爷爷我就没有钱了。"

我答："因为你现在没有钱啊，这个钱是爷爷借给你的，当然要还啊。"

沐宸把钱塞回爷爷的怀里，说："那我不要了，要不然我还要给你钱。"果断而决绝。

任凭我后来怎么示范给孩子看一借一还是没有损失的，他也不能明白这个债务和债权的关系。孩子悲愤的样子，感觉一群成人要把他还没赚到手的钱全部讹走，我们只得放弃。

第二年，沐宸真的毕业了。那时，我刚好在出差，他自己收拣了物品，并根据自己对物品的喜好和评估了一下幼儿园孩子的购买力后，写了高低不等的价格标签，拿到学校里自己铺好的摊位销售。

我回家后，沐宸的同学的父亲给我转述了发生在跳蚤市场上的一个故事。

幼儿班的一个小宝宝来到沐宸隔壁的摊位，想要买走一辆车。毕业班（大班）的小摊主要10块，小宝宝只有1块。两个人蹲在地上都自说自话地“协商”了很久后，小宝宝遗憾地走了。

沐宸跟隔壁小摊主说：“我要是你，我就卖了。”

小摊主说：“可你不是我。”

后来，隔壁小摊主收摊时对沐宸说：“那你可以买了，再卖给他啊。”

沐宸想了一会儿说：“好。”

沐宸用10块钱买下了车，然后换了个地方，重新把摊位铺好，等着小宝宝重新光顾……用那位父亲的话说，等得快要“发毛”了，小宝宝真的出现了，并且惊喜地再次发现了这辆车。

小宝宝问：“多少钱？”

沐宸快速地说：“1块钱。”

小宝宝高兴地买下东西，沐宸迫不及待地收了摊。

那位父亲讲完后，我感慨良多。“爱和自由”毕业班的孩子已经有了非常明显的“自我”的呈现，我得用“卓尔不群”来形容这个自我。他们看待同一个问题的方式是如此不同，却又对自己的选择如此确定。

小摊主的认知显然已经可曲线亦可逆了，是我这个成人都难及的；而沐宸也在用自己的方式影响着环境。我不确定他这么做是不是想要帮助那个小宝宝，但我可以确定的部分是，他对自己的想法有了笃定做下去的力量，即使旁人难以理解。我只能祝愿他能一直保有这样的品质。

这次的市场还有小朋友只带了钱来买东西，可是半天下来，买了东西后居然手上的钱还变多了。这是为什么呢？他们有给别的小朋友打工看摊儿的法子，有好朋友赚了钱分给他的。我问沐宸，沐宸头都没有抬，说：“有的小朋友还不会找钱，找错了。”我觉得每种说法都相当有想法！

以真实独特的样貌活着，有什么比这个更重要

周一分享日的早晨，沐宸班里的郑老师带着孩子们在餐厅分享软糖。

沐宸问天天："你愿意跟我分享软糖吗？"

天天没有说话，摇了摇头，又点了点头。

沐宸问："请你用语言来表达你的想法，你这样表达我不清楚你的想法。"

然后，天天又摇了摇头，又点了点头。

沐宸说："请你用语言来告诉我。如果你不愿意，你也可以拒绝我的，没有关系的。"

郑老师在一旁看着，为沐宸这样既能清楚表达自己的需求，又能理解和支持伙伴的状态感动不已。

最后，天天说"可以"，并给沐宸分享了软糖。

如果真的用"爱和自由"的理念来评估我和孩子的父亲，可能我们唯一能及格的部分就是没有放弃过自我的觉察和成长。其他的部分，比如带着爱解决和面对生活中的冲突和问题，有情绪时要先倾听再规则……我们真的都做得不够。

有许多次，我情绪糟糕到极点，对着沐宸恼火地喊："你教教我，我到底该怎么做？"沐宸就认真地看着我的眼睛教我，轻声细语地说："你就说，'沐宸，我们现在要快一些出门了哦'，不要那么狂躁。"那一刻，我的心真的融化了，产生了那么多的自愧不如。

孩子带给我们太多的惊喜，我知道除了要感谢孩子原本鲜活通透的生命外，还要感激谁。

在我们心里，有一片永远感念的小世界，那就是沐宸的幼儿园。在

那个小世界里，老师们用“爱和自由”的方式，陪伴着孩子建立起一生受用的各种品质。因为有“爱和自由”的理念和传播这些理念的老师们，我们才有机会更多地看见我们的孩子。

在孩子成长的这么多年里，我的体会是有了爱、自由、规则，孩子就不会遭受到养育者无意识的暴力，就有了机会成长为自己。引用蒙特梭利的概念就是，孩子生命内在的精神胚胎就有机会实体化为一个完整的“自我”。

作为一个人，活着，以自己真实而独特的样貌活着，还有什么比这个更重要呢？

第四章

儿童的敏感期

儿童的敏感及儿童的敏感期

儿童的敏感

敏感不是敏感期，但在某个敏感期儿童会对相应事情敏感。儿童对童话、动画敏感，对讲故事敏感，对画画敏感，对游戏、电脑、汽车敏感。不难知道这是对基本能力敏感，对未来的存在方式和生活方式敏感，对新技术、对艺术化的技术敏感。

蒙特梭利在阐述敏感期的时候，这样描述人类的儿童跟其他生物本质的不同点：胚胎期是所有哺乳动物的一个共有时期，人类的儿童也有胚胎期，就是在妈妈肚子里的10个月。这是人类的生物胚胎期，和动物很相似。胚胎具有人的潜能，但只是潜能，是后来漫长的童年将人与动物完全地区分开来。

人类是这个地球上最高的生命状态。人类与这个地球上所有的生命都有着完全不同的本质，因为人有精神。而人跟动物的差异最根本来自哪里？来自人类漫长的童年。漫长的童年期是生物人成为精神人的一个核心的时期。

起点

儿童的敏感期

在0～6岁的成长过程中，儿童受内在生命力的驱使，在某个时间段内，专心吸收环境中某一事物的特质，并不断重复实践。顺利通过一个敏感期后，儿童的心智水平便从一个层面上升到另一个层面。敏感期内，儿童只对环境中的某一方面、某一项特质专心，而拒绝接受其他事物。儿童不需要特定的外在理由对某种行为产生强烈的兴趣。儿童会不厌其烦地重复，一直到这种重复突然爆发出某种新的动机为止。

蒙特梭利说，儿童的敏感期相关的敏感性，在儿童时期尤其是生命头6年里，年龄越小的时候，出现得越密集。它是一种暂时的倾向，通过一种短暂的刺激，使儿童在这个暂时中获得特殊的品质。一旦获得这种品质之后，这个敏感点或者敏感性就消失了。

敏感期综合着童年的更多的秘密，以至于我们作为旁观者，并不知道敏感期究竟帮助我们的孩子产生了怎样具体的生命特质。但有一点可以毫无疑问地说，敏感期的完成帮助一个生命成为一个健全的、完整的、有品质的、精神的生命。

实际上，我们早就多少悟到了——我们经常会使用一个词语——开发人的潜力。潜力正是精神胚胎的某个特殊敏感性，这个潜力并不是不可触摸的，也不是靠外力强行放在孩子的身体里的。期待潜力的开发在很大的程度上在于，儿童是否能够将他精神的敏感性在期待的刺激下展开，在敏感期中被护航而完成。这种敏感期的完成恰恰是一个生命对潜力的一种最大的开发。但更多的潜力更像藏匿的密码，等待的是被破译的机遇。

敏感期的例子

一次我在江边散步，看到一个1岁的孩子拿着奶奶的一个小MP3。MP3正在播放音乐。当我走近的时候，我停住了脚步。他看着我，马上把那个MP3抱在怀里，很警觉，身体往后退着。我马上就知道他的敏感期到了物的所属和自我形成的关键点上了。因为他必须靠区分你、我、他，你的、我的、他的来完成这个内容，这个感觉正需要话语切入以通过语言确立它。于是，我就蹲下来慢慢对他说："那个，是你的。"然后，我把我的手机拿出来，让他看着我的手机，说："这个，是我的。"接着，我又重复对他说"那是你的""这是我的"。

我每一次说的时候都配合上肢体语言。我反复说了三四遍，然后这个孩子出了一口气，了然了。我知道他明白了我说的话语的意思。

这就是儿童在形成个体存在的敏感期的时候，在意识中区分这些个体的时候，在这个敏感期前端的时候，区分你、我、他的概念的时候，一个主要的特点。如果成人知道这个情况，话语适时切入，就帮助了儿童。如果成人不知道这个情况，可能会把这个敏感期给错过去，或是破坏了，这个敏感期就会等待以后修补。这就会对这个孩子形成一个曲折的路，甚或一个有断点的路。

口的敏感期

所有的人类的婴儿在出生以后的头一年，基本上是用口来认识世界的。无论他出生在亚洲、欧洲、美洲、澳洲还是非洲，出生之后第一年都是用口来认识这个世界的。而这种敏感性一旦获得满足之后，这个现象就会在儿童1岁以后的生命中消失。你无法完全知道这一现象究竟给儿童的未来带来了什么，在我们的认知界限前，人的精密和复杂性就表现在这里。

一只猫喜欢扑线团玩耍，在我们看来，它的目的不是为了练习捕捉食物，而是一种本能。天鹅模仿妈妈的飞行、觅食或者求偶，这都是生存和繁殖的本能。人类超越了这种动物的本能。这种超越就是通过环境因子破译精神胚胎，这个破译表达为敏感期，儿童通过度过这个敏感期而获得超越。

儿童的口的敏感期说的是，宝宝出生的时候，口是自我表达的核心。认知外在世界只是通过口。婴儿第一个能控制的也是口。因为口的指向需要，所以可以比较自由地转动头。除了头之外，儿童甚至连手都没办法控制。也就是说，儿童的意识还没办法走到手上，他还没有办法支配到他的手。

所以，儿童认知方式只拥有口。当你把手放在儿童的腮边的时候，儿童就会将头转过去，用口够寻你的手。由此看出，儿童这个时候认识世界的方式几乎全是靠口来完成的。当然，儿童是靠哭声来表达自己的意愿，哭是儿童的交流语言。

儿童靠用口吮吸来认识他的外在世界。在众多的实物中，儿童不仅用口感觉什么东西可以吃，什么东西不可以吃，还能感觉什么东西硬、什么东西软，以及这个东西的味道。实物对口的意义，是它对人类的基本的意义。

儿童同时还可以用口来唤醒手。所以我们能看到的是，所有的婴儿第一件事情就是当手苏醒的时候，一定会把手放到口里来完成这个过程。

当儿童通过口把手唤醒了以后，儿童的口就逐渐地不用了或者就少用了。儿童这个时候就会用手抓住东西，使用手以后再把手里的东西往嘴里放。等到儿童的手使用得非常熟练的时候，儿童口的功能就完成了，口的敏感期就过去了。儿童需要1～2年的时间度过这个敏感期。

阻止口腔敏感期的发展是不对的

孩子到了口腔的敏感期，有的人往孩子手指涂辣椒或者戴上手套，以防婴儿把手放进口里；或者把他绑在襁褓里……无知使我们看不见儿童；或者太多的育儿知识和育儿理论使我们无所适从，感到茫然；又或者这些做法可能是在自己浑然不觉的情况下发生的，我们在下意识中无意识地做着什么。这些都使我们错过了儿童的敏感期的发展。

空间敏感期

婴儿出生时，从妈妈的子宫里出来，空间突然变大，睡着时会有“一伸手”的惊吓。爬行则会使婴儿产生不断的“扩大”的感觉。感知和适应这一过程就必须用肢体。

幼儿把桌上的东西推到地上，并反复进行。也有些会反复把东西扔出去。更有甚者喜欢把锅顶在头上，盆顶在头上。

1岁的儿童喜欢把抽屉里的东西拉出来，把外面的东西塞进去。我们也知道2岁的儿童经常会把东西从楼梯上扔下去，或者从高处扔到下面、从窗子扔到外面等。1岁和2岁的孩子经常喜欢把沙发垫立起来，造一个房子，躲在里面；或者躲在一个角落里；或者跟大人捉迷藏，躲在柜子里。

等到孩子大一些的时候，他们喜欢钻进大衣柜里，喜欢在桌子下面，喜欢在纸箱子里面，喜欢钻在被子里面；喜欢从高处往下跳，越跳越高，如从台阶上、窗台上往下跳，甚至从低矮的屋顶上往下跳。这些都是儿童通过实物来形成空间感的敏感期。

我们可能会这样猜想儿童的敏感期：人内在的空间是否与此有关？或人类很多智能是否与此有关？比如建筑、雕塑、舞蹈、历史，比如数学、物理学，这些都是以空间感为基础的。空间感太重要了，几乎一切感觉和概念都建立在空间基础上，包括时间。

内在空间

有的孩子会这么说："我知道爸爸在用他的方式爱我，尽管那个方式我感到不好，但是他在以他的方式表达对我的爱。"从这些情况来看，儿童的内在空间已经能够容下很多、很多的东西，容下挫折，容下博爱，容下障碍，容下和朋友之间的失交，这些都是对内在空间的一个非常好的发展。心智的成长，就是心智空间的成长。孩子空间感发展得好的话，等到长大后，比如小学以后，我们会发现孩子的心智和生命的内在被建构得也很宏大。我们经常会发现很多孩子长到八九岁的时候，他们在对父母的理解上可能远远超过父母对他们的理解。

“我的”敏感期

儿童1岁多时会说那个屉屉是“我的”，衣服是“我的”，被子是“我的”，妈妈是“我的”……感觉是“我的”。“我”这个无形的概念，是通过有形的事物表现出来的，然后发展成我的情绪是“我的”，最后发展到我就是“我”。这是一个有趣而高级的过程。

这是儿童其中的一个敏感点。所有的妈妈大概都能够发现这个敏感点，但“我的”不是自我，也不是自我形成。

自我形成敏感期

自我形成是敏感期最核心的一个点。儿童是依靠自我的创造，也就是说依靠精神胚胎来创造出一个自我的。而这个创造的模式，我们是

可以通过敏感期来观察到的。我在《完整的成长》这本书里详细地解释了自我形成的过程，即从一开始敏感点一直发展到最后自我形成的全部过程。这些现象基本上都是通过敏感期表现出来的。有一句话叫“道法自然”，儿童的成长丝毫不造作和人为，让人感慨和庆幸。这样一个纯粹的精神的东西，它是如此自然地表现在生活的每一天。它是儿童自然表现出来的，而且是可以被我们触摸到，被我们看到，可以被我们理解的。这样我们就能够帮助和支持儿童来发展自己。

“打”的敏感期

幼儿还不会说话的时候，在表达他的意愿时，会举手打人，口中说“打死你”。如果让他做不愿意做的事情，他就会用打的方式来完成不愿意这个过程。也就是说，“我不同意”，用一巴掌打上去，就叫“我不同意”“我不喜欢”。但儿童并不知道这是成人意识中的那个“打”，儿童只是在表达排斥的意思，就是“我不愿意”。因此，你经常会观察到几乎在这个年龄阶段（1岁左右），或早或晚都会出现这种敏感期的特征。这是儿童自我形成的一个隐性的敏感点。

说“不”敏感期

自我的敏感期是在2岁左右产生的，儿童在1～2岁时，也就是在他会说话不久后，就会不断地说“不”。吃饭吗？“不。”睡觉吗？“不。”回家吗？“不。”甚至边吃着饭边说着“不”。说“不”，什么都是“不”。“不”的意思是：我的想法是“我的”，我不同意你的。“不”是个有趣的现象，和“我的”不同。有时候，“不”在“我的”前面出现。这个时候儿童就产生了另外一个更高级的东西：我要把我和你区分开，我的想法就是“我”，“我要把我和你区分开来”，不再共生。但分开得慢慢进行。儿童这样说：“我先要占有我的私有财产，同时我要对你说‘不’。我的想法是我的，我跟你的想法不一样。由此，我用说‘不’的方法来拒绝你。但妈妈是我的。”

创造自我的敏感期链条

敏感期最主要的功能是依靠儿童自己创造一个自我。儿童有情绪、有心理、有心智，都是围绕着这个自我，这些东西也在漫长的童年期形成和成长。一个孩子生命状态正常健康的一个标识就是一个敏感期接一

个敏感期的出现。在某一个敏感期时段，儿童会高度专注于某一个事物，而且重复不断地操作那一个事物，直到满足儿童内在的需求，儿童才把注意力转向另外一个敏感点，由此形成一个敏感期链条。

但是，很多家长可能没有办法把它们串在一起，原因是很多家长在生下自己的孩子以后，或者没有持续养育孩子，或者只能观察到眼前孩子出现了什么，或是只有一个孩子观察，无法发现众多孩子普遍性的特征。这些都使我们无法宏观了解儿童0～6岁这一段时间内生命的状态，所以可能会经常出现很大的茫然区。

敏感期螺旋

螺旋式的敏感期指的是儿童从1岁开始起一直到十几岁，相同的敏感期会在不同的年龄阶段重复出现。螺旋式的敏感期有很多，例如音乐、空间、语言。这些都是儿童从1岁开始一直长到12岁不断出现的，当然深度和广度已经不同了。

弥补敏感期

每个人的生命发展最重要的就是头6年，然后接着一个再6年。我们今天成为什么样子，大部分是由童年形成的。很多人问，如果我的孩子的敏感期错过了，还会不会在未来的时间里补充上？6岁之内是可以的，6岁之后存在较大的风险。因为这些敏感期错过之后，儿童到了上小学以后，他基本上难有机会再弥补。例如，3岁孩子对空间有兴趣，在沙发上爬上跳下，成人是可以理解并接纳的。如果3岁对空间的敏感期被压抑和禁止后，7岁或者八九岁时，这些敏感期再次出现（想象一下，这个年龄还在沙发上跳上蹿下），成人就认为孩子是多动症。再例如，在我们的小学，有一个小朋友口的敏感期没有完成，所以在一年级的整个一年中，他基本上都是在用口做很多的事情。他用口不断地舔他的手掌，用口舔书，舔铅笔盒，持续了一年的时间，度过了他原本0～1岁时要经历的敏感期。这样的例子比比皆是。有的敏感期，幼儿只用几个月完成，如果后补的话，时间就会增长。而在这个漫长的时期，成人的耐心是有限的，外加这个年龄所需的适时成长也会错失。注意，所有的儿童在拥有的成长时间上是平等的。

附　录

教育理念和思想体系

精神胚胎

人之所以有别于动物，是源于人生而拥有“精神胚胎”！

精神胚胎，包含了儿童生命成长的密码，因而每个人都是独特的人。

“爱和自由”科学教育方法，就是遵循生命成长的法则，

让孩子在爱和自由的环境中，通过自我体验、自我建构来破译这一精神的密码，

自然成长为一个完整的、独立的、自我完善的人，

一个心灵自由、自信安然、有安全感和归属感的人，

一个高尚、纯粹、有创造力的人。

爱和自由的教育

爱和自由的教育是新时代精神和意识进化的标志。

生命的本质是爱和自由的意志。

在此教育中的成长者，内在拥有饱满的爱和高度的和谐，拥有更高的创造力和建设性。

这正是新时代儿童应有的特质，他们将是创造未来和谐社会的新人。

爱和自由的科学教育方法认为，儿童的成长，不是一个被教育、被成人灌输的过程，而是一个自己探索、自我教育、自我创造的过程，是一个由此创造了自我的过程。

成人需要做的是，营造一个“爱和自由，规则与平等”的环境，协助儿童按照自己的生命密码成长，从而使儿童具有鲜明的个性、独立的人格、非凡的创造力。

“敏感期”理论

“敏感期”是指，在0～6岁的成长过程中，儿童受内在生命力的驱动，在某个时间段内，专心吸收环境中某一事物的特质，并不断重复的过程。顺利通过一个敏感期后，儿童的心智水平便上升到一个新的层面，并释放出内在的新的生命力，进入下一个敏感期。

孙瑞雪教育机构发展和延伸出关于儿童心理发展的完整的敏感期理论。这一理论将帮助成人了解儿童的心智发展过程。

敏感期成为孩子感知和智性发展、心灵美化和人格成长的阶梯。成人能做的是，给儿童自由，让他们完成敏感期的发展，而不是阻止和遏制，从而导致儿童某些方面的感觉与人格不能形成和完善。

爱，是生命的动力和召唤

在孙瑞雪幼儿教育基地，爱表现在日常的幼儿园生活中：

- 洞察孩子的行为；
- 理解孩子的心理；
- 关注孩子的思想；
- 协助孩子成长；
- 给予孩子能量；

- 允许孩子以其自我的方式成长、发展，而不是服务于成人的目的。

用爱建立安全感和价值感，代替紧张和恐惧；用爱建立信任和放松，代替压力和压抑；用爱的感觉带来生命的欢愉，代替灌输和僵硬；用爱的生活带来自我创造，代替强权和教条。

“爱和自由”科学的教育方法认为，儿童最重要的是要生活在爱的语言、行为和氛围中，生活在爱的意念、信任和理解中，不是溺爱，不是有条件的爱，更不是盲目的爱。

自由，是存在的意义

在孙瑞雪幼儿教育基地，自由表现在：

- 儿童通过自由支配自己的身体和行动而获得尊严；
- 通过自由地使用其选择能力，获得意志上的独立；
- 通过没有干扰的独立工作获得思想上的独立。

在孙瑞雪幼儿教学基地，自由进一步更具体地表现在：

- 行动：儿童拥有自主进出教室、自主活动的自由；
- 选择：儿童拥有从环境中选择吸收自己喜欢的事物的自由；
- 空间：儿童拥有选择空间的自由；拥有在安静时，不受干扰的自由；
- 思想：儿童拥有自己去发现问题和事物、解决问题、设计办法与计策，并且自己选择答案的自由；
- 意志：儿童拥有凭自己的意志将他的发现与他人交换及分享的自由。

人类生命存在的独特性，在于建构自我。自我是创造力的标志，自我是独一无二的价值所在。而创造自我的最重要的环境要素，是自由。

“爱和自由”科学的教育方法认为，自由在于：

- 做自己身体的主人；
- 做自己情绪的主人；
- 做自己感觉的主人；
- 做自己心理的主人；
- 做自己认知的主人；
- 做自己精神的主人；
- 自己做自己的主人。

只有在自由中，才能做主人。

规则，秩序和和谐的表现

在孙瑞雪幼儿教育基地，规则表现在，教师、家长、孩子共同遵守共同的规则。

基础规则：

- 不伤害自己；
- 不伤害和妨碍他人；
- 不伤害环境。

在规则中生活，就无强权；在规则中生活，就可以建立规则意识。把握了规则，就把握了群体中所有人的自由。当孩子生活环境中的全体人都遵守着规则，孩子就知道自己能够做什么、不能够做什么，就能够生活在不超越底线的自由状态中，生活在和谐与秩序中，而这样的孩子将是基本规则的保护者和产生更大自由的规则的创造者。

新人类将拥有以下意识：规则意识、自主意识、平等意识、尊重意识、独立意识、权利意识、理性意识、聆听意识、责任意识、动议意识、参与意识、契约意识、程序意识、多元意识、妥协意识、包容意识。这些都是在自由和规则中建立的。

“爱和自由”科学的教育方法认为：

- 规则确保了儿童的自由、安全感、关系中的平等与和谐；
- 规则建构了儿童内在的秩序，也建构了儿童的智能；
- 规则确定的范围使儿童拥有了力量和确定性；
- 规则排除了暴力和强权，保证了儿童的成长空间，使儿童拥有知晓自己内在和外在世界的能力；
- 规则建立的社会环境的秩序，使儿童对环境和人际关系拥有把握和持续发展性；
- 规则使儿童有了成为完整的人的倾向；
- 规则可以固定文明和建立一种更高层面的意识。

平等，是尊严和价值感的表现

在孙瑞雪幼儿教育基地，平等表现在：

- 尊重每个孩子都是一个独立的生命体；
- 尊重每个孩子生命成长的需求；
- 尊重每个孩子个体的独特性。

若一个人在建构自我的阶段，生活在没有权威、没有说教的环境中，那么他将从小坚守自我的尊严、朋友的真诚和社会关系的和谐，不因面对权威而卑怯，也不因面对弱小而狂傲，他将在未来生活中享受精神和人格的平等带来的快乐，并形成勇于面对自我的勇气和品质。

“爱和自由”的科学教育方法认为，当儿童在充满爱，拥有自由，建立了富有人性而清晰规则的平等环境中成长，儿童将真正拥有自己的思想，独立的意志和判断力，自尊、自爱、自信、自律、自主、自强的人格特征也随即自然呈现。

完整的成长

精神胚胎引领完整的成长，儿童靠精神胚胎的指引成长。

爱和自由、规则与平等，是外在环境，可以保证完成一个人完整的成长的历程。

身体、感觉、情绪、心理、认知、精神是内在环境，它们为创造一个真正的“自我”提供了过渡、转化、容纳、组织、整合、发展，以及建构和创造“自我”的资源。

经历身体、感觉、情绪、心理、认知，到达精神，与精神胚胎相遇，精神胚胎就实体化了，自我就成长了。儿童一直创造着自我，建设着自我，形成着自我，这是一个基本的完整的人的状态。